PETER BICHSEL

HANS BÄNZIGER

Peter Bichsel

WEG UND WERK

unseren bisher liebsten und angenehmsten Nachbarn Denise und Ueli Hinkel mit den besten Wünschen herzlich zugeeignet
          Hans Bänziger

Ende März 2004 zum hoffentlich nicht endgültigen Abschied

© Hans Bänziger
Satz und Druck: Bodan AG Kreuzlingen
Printed in Switzerland
In Kommission: Benteli AG, CH-3084 Wabern-Bern
Photos: Leonardo Bezzola, Rainer Bolliger, Mara Eggert,
Pascal Hegner, Isolde Ohlbaum, Josef Stücker u. a.
ISBN 3-7165-1169-2

INHALT

Vorwort zur zweiten Auflage		6
Abkürzungen		8
Zeittafel		9
Einleitung (1984)		13
I	Laufbahn	17

Vorfahren, Eltern 17; der Schüler 22; Seminar 24; Militär 26; Heimat und Fremde, erste Erfolge 28; freier Schriftsteller, Reisen 30; der Lehrer 32; Stadtschreiber, Rundfunkautor 34

II	Geschichten für Kinder und Erwachsene	38

Kurze Startbahn 38; Die Milchmanngeschichten 42; Alltag und Märchenwelt – *Die Jahreszeiten* 47; Kindergeschichten? 50; die späteren Sammelbände fiktiver Prosa *Der Busant* und *Zur Stadt Paris* 56

III	«Prophet» oder Genosse?	59

Kino, Jazz, klassische Musik und Wirtshäuser – Solothurn 59; Bundesrat Ritschard – Popularität 64; Arbeit für eine sinnvollere Schweiz 70; *Des Schweizers Schweiz;* Politiker oder Hofnarr? *Geschichten* und andere Kolumnen-Bände 77

IV	Der Leser, das Erzählen	84

Der implizite Leser 84; das Erzählen 87; Conrad-Lektüre – Chesterton 92; Schlussbemerkung 97

V	Anmerkungen	101
VI	Anhang	117

(Rezensionen zu den Milchmanngeschichten, *Die Jahreszeiten*, *Kindergeschichten* und *Geschichten* aus CSSR, England, Frankreich, Polen, USA)

VII	Verzeichnis der Quellen und der Sekundärliteratur	128
VIII	Register	169

VORWORT ZUR ZWEITEN AUFLAGE

Die Beurteilung Peter Bichsels hat sich seit 1984 bei Lesern, Nichtlesenden und manchen Rezensenten gewandelt. Neben Lob und ausgesprochener Anerkennung hört man seit den *Schulmeistereien* auch negativere Stimmen: Man habe es eher mit dem Talent eines hochbegabten Journalisten und Radioredners als mit einem sehr bedeutenden Dichter zu tun. In Schulen und Universitäten erscheinen seine Werke seltener auf dem Lehrplan als früher. Trotzdem gilt er im deutschsprachigen Raum (neuerdings Suhrkamp-Autor) als Repräsentant einer «gemütvollen Moderne» und ist ein willkommener Gesprächspartner für Schriftsteller wie Günter Grass, Peter Härtling und andere. Er hält Vorlesungen im In- und Ausland und tritt als Vertreter einer interessanten und zugleich anfechtbaren Schweiz auf.[1] Seinen Kontakt mit freundlich gesinnten Einheimischen zeigt ein Film wie *Allein unter Leuten* (1993). Sein Werk aber, vergleicht man dessen grosse Wirkung in den 60er Jahren, hat nun doch wohl den Charakter eines Stücks Literaturgeschichte angenommen.

Bei den verschiedensten Gelegenheiten und in allerlei Variationen betont Bichsel, er sei auf seine schweizerische Heimat angewiesen, nicht zuletzt weil er sich über sie (auch) ärgern könne. Das Vorhaben einer Überarbeitung und Erweiterung meiner Monographie hängt zum Teil mit vergleichbaren Gefühlsregungen zusammen. Nach Jahren der Dankbarkeit, ja Begeisterung für sein Werk und nachdem ich die Freude von Schülern und Studenten während seiner Lesungen in Trogen 1966 und später im Bryn Mawr College miterleben durfte, gab es hie und da Zeiten der Ernüchterung.[2] So hoffe ich jetzt, der neue Orientierungsversuch zeige etwas mehr Distanz und kritische Anteilnahme.

Ich beschränke mich in dieser erweiterten Ausgabe auf Korrekturen und die notwendigsten Ergänzungen. Bei bibliographischen Ergänzungen, besonders nach 1984, konzentriere ich mich ausser auf die im Text genannten Titel auf die in den gebräuchlichen Literaturverzeichnissen wie KLG nicht erwähnten, verweise aber jetzt schon nachdrücklich auf die vielfach weiterführende Bibliographie Rolf Juckers. Für die im Literaturverzeichnis nachgewiesenen Ausgaben gebe ich im Text die entsprechenden Seitenzahlen an.

Ein Hinweis auf die Archive in Berlin, Bern,[3] Frankfurt und Solothurn wäre schon in der ersten Auflage fällig gewesen; er sei hiermit nachgeholt. In Berlin und im Schweizer Literaturarchiv Bern befinden sich Gernot Schäfers, bzw. meine Sammlungen; der Suhrkamp-Verlag in Frankfurt besitzt selbstverständlich die wichtigsten neuen deutschsprachigen Rezensionen, einige Tondokumente und neuerdings das ehemalige Luchterhand-Archiv; die Zentralbibliothek Solothurn zahlreiche, z.T. nicht ausleihbare Raritäten. – Ich danke – frühere Hilfeleistungen bei der Entstehung der ersten Auflage sind in der Einleitung erwähnt – den Betreuern dieser Einrichtungen, Jean Racine für Informationen über die Musik- und Theatergruppe «Sine Nomine», dem Verlag für die für mich angenehme Zusammenarbeit bei der Entstehung des Buches, dem Personal der Kantonsbibliothek Vadiana und den Universitätsbibliotheken St. Gallen und Konstanz, unter den Rundfunkstationen diesmal speziell dem Studio *DRS* in Bern und den Kantonen Solothurn und Thurgau für ihre Druckkostenbeiträge aus den Lotteriefonds.

St. Gallen/Romanshorn, Anfang 1998　　　　　　　　　　H.B.

ABKÜRZUNGEN

DRS: Radio und Fersehen der dt. und rätoroman. Schweiz
FR: Frankfurter Rundschau
GZ: Gewerkschaftszeitung
KLG: Kritisches Lexikon zur deutschspr. Gegenwartsliteratur
LNN: Luzerner Neueste Nachrichten
LV: (mein) Literaturverzeichnis
SI: Schweizer Illustrierte
SMH: Schweizer Monatshefte
SLB: Schweizerische Landesbibliothek (Bern)
SLA: Schweizer Literaturarchiv (Bern)
SV: Suhrkamp Verlag
SSV: Schweizerischer Schriftstellerverein
TA: Tages-Anzeiger (Zürich)
UP: University Press
WDR: Westdeutscher Rundfunk
Wewo: Die Weltwoche
ZW: Zürcher Woche
ZW-Sj: Zürcher Woche – Sonntagsjournal

(Siehe daneben die üblichen Abkürzungen wie z.B.) *FAZ, NZZ, PLMA, ZB*

Auskunft:	*Auskunft für Leser,* Hg. Herbert Hoven 1984
Briefträger:	*Gegen unseren Briefträger konnte man nichts machen,* 1995
Geschichten:	*Geschichten zur falschen Zeit* 1979
Hoven *Texte:*	*Texte, Daten, Bilder,* Hg. Herbert Hoven, 1991
Jucker:	*Peter Bichsel* 1996
Leser:	*Der Leser. Das Erzählen* 1982
Milchmannschichten:	*Eigentlich möchte Frau Blum ...* 1964

ZEITTAFEL

24. März: P.B. in Luzern geb.	1935	Abessinienkrieg
	1936	NS-Bildersturm gegen moderne Kunst
	1937	Hitler erklärt seine Grossmachtpläne
	1938	Anschluss Österreichs an Deutschland; Th. Wilder OUR TOWN
	1939	Einmarsch dt. Truppen in die Tschechoslowakei
	1940	Überfall Deutschlands auf skandinavische Gebiete; KZ Auschwitz errichtet
Übersiedlung nach Olten	1941	Deutschland greift Sowjetunion an; Kriegseintritt der USA
1942–48 Primarschule (1946–48 Lehrer: K. Hasler)	1942	~~Zweite Generalmobilmachung in der Schweiz~~
	1945	M. Frisch: BIN
	1947	Erste Tagung der «Gruppe 47»
Eintritt in die Bezirksschule Olten	1948	Beginn des kalten Krieges O/W und Spaltung Deutschlands
	1950	H. Michaux: PASSAGES
Konfirmation in Olten; Eintritt in das Lehrerseminar Solothurn	1951	Grossoffensive Nord- gegen Südkorea; Engagement der USA im Indochina-Konflikt; H. Böll: WO WARST DU ADAM?
	1953	Arbeiteraufstand in Ostberlin; S. Beckett: GODOT
	1954	M. Frisch: STILLER; H. Heissenbüttel: KOMBINATIONEN; H. Böll: HAUS OHNE HÜTER
Patent als Primarlehrer; Lehrer in Lommiswil; Gedicht in SPIRALE; Rekrutenschule in Basel	1955	Beitritt der BRD zur Nato; DDR souveräner Staat; Mitwirkung der Schweiz bei der Überwachung des Koreawaffenstillstandes
Verehelichung mit. M. Th. Spörri, Geburt von Christa Maria	1956	Aufstand in Ungarn; F. Dürrenmatt: BESUCH DER ALTEN DAME
Zuchwil; Primalehrer; Mitarbeit in Kommissionen; Geburt von Matthias; DAS ENDE DER STADT (Privatdruck)	1957	Start des ersten künstlichen Erdsatelliten Sputnik; Rassenunruhen in den USA; Hartung: WIR WUNDERKINDER
Zwei Gedichte in AUGENBLICK (Hg. M. Bense)	1958	H.C. Artmann: MED ANA SWOAZZEN DINTN; H. Böll: MURKE; G. Grass: BLECHTROMMEL; W. Schnurre: EINE RECHNUNG, DIE NICHT AUFGEHT
	1959	Schweizer Volk verwirft Einführung des Frauenstimmrechts; O. F. Walter: DER STUMME; U. Johnson: MUTMASSUNGEN
VERSUCHE ÜBER GINO (Privatdruck)	1960	Höhepunkt des kalten Krieges; Frankreich: «Force de frappe»
	1961	J.F. Kennedy USA-Präsident; Mauer Berlin; H. Michaux: CONNAISSANCES PAR LES GOUFFRES

	1962	SPIEGEL-Affäre
Teilnahme am Literarischen Colloquium Berlin	1963	J. F. Kennedy in Dallas ermordet; Schweiz Mitglied des Europarates
Teilnahme an einer Tagung der «Gruppe 47»; EIGENTLICH MÖCHTE FRAU BLUM ...	1964	P. Weiss: MARAT-SADE; M. Frisch: GANTENBEIN
Teil des Lessingpreises; Preis der «Gruppe 47»	1965	USA beginnt Bombenkrieg gegen Nord-Vietnam; Orden für die «Beatles»
Förderungspreis Olten, zusammen mit O. F. Walters Kunstpreis	1966	K. G. Kiesinger CDU-Bundeskanzler; Zürcher Literaturstreit (E. Staiger / M. Frisch etc.); H. Heissenbüttel: ÜBER LITERATUR
DIE JAHRESZEITEN	1967	Unruhen Berlin (Schahbesuch, Student B. Ohnsorge erschossen); Eskalation in Vietnam; 7-Tage-Krieg Israel; P. Handke: KASPAR
Übersiedlung nach Bellach; Förderungspreis der Erziehungsdirektion Solothurn; Redaktor WELTWOCHE; Rede über Invasion CSSR	1968	Studentenunruhen Frankreich; Attentat auf R. Dutschke; Rassenkonflikte USA; M. L. King ermordet; Globuskrawall in Zürich; Invasion CSSR; Wahl R. Nixons in den USA; Beginn der Massenverbreitung von Pornoprodukten
Austritt aus dem Schuldienst Solothurn; Unterricht an der Kunstgewerbeschule Zürich; KINDERGESCHICHTEN	1969	Erste Mondlandung der Amerikaner; Rock-Festival in Woodstock; Chr. Enzensberger: GRÖSSERER VERSUCH ÜBER DEN SCHMUTZ
Übertritt zur Gruppe Olten; Prämie dt. Jugendbuch	1970	Ablehnung der Volksinitiative gegen Überfremdung in der Schweiz
Vortragsreise England / Irland; Hörspiel INHALTSANGABE DER LANGEWEILE; Film UNSER LEHRER Writer in Residence in Oberlin	1971	In der Schweiz Frauenstimmrecht auf Bundesebene eingeführt
Schulvertretung in Halten (bis April 1974); Schweiz. Hörspielpreis	1972	Verhaftung führender Mitglieder der Baader-Meinhof-Bande
	1973	Im Jura stören die Béliers die Rede eines Berner Regierungsrats; Watergate-Affäre; Jom-Kippur-Krieg (Israel) bis Anfang 1974
Beginn der Arbeit für Bundesrat W. Ritschard; STOCKWERKE	1974	Absetzung R. Nixons; Neuer «Ölschock»; Schweizer Bundespräsident trifft Schah von Persien
	1975	Besetzung des Atomkraftwerks Kaiseraugst; beginnende Arbeitslosigkeit in der Schweiz
Teilnahme am «German Semester» der University of Southern California in Los Angeles; Rede in Lausanne: DIE AUFGABE DES STAATES	1976	Aus dem Archiv E. Cinceras wird von drei Mitgliedern des «Grossen Demokratischen Manifests» Material entwendet; M. Frisch, Friedenspreis des dt. Buchhandels; Ablehnung der Mitbestimmungs-Initiative durch das Schweizer Volk
Vortragsreise Australien / Neuseeland; Arbeit in der Kommission für ein neues SP-Parteiprogramm (bis 1980)	1977	Schleyer-Entführung (BRD); Auflösung der «Gruppe 47»; Verfassung des neuen Kantons Jura vom Volk angenommen

GESCHICHTEN ZUR FALSCHEN ZEIT; Kunstpreis des Kantons Solothurn; Literaturpreis des Kantons Bern für GESCHICHTEN
Dozent an der Universität Essen; ABSCHIED VON EINER GELIEBTEN KIRCHE; UNSERE KOLLEGEN IN POLEN
SPIEGEL-Essay DAS ENDE DER SCHW. UNSCHULD; DAS PROMINENTE MIKROPHON; Wahl zum Stadtschreiber von Bergen-Enkheim; Sprachunterricht im Verlagshaus Ringier (auch 1983)
Poetik-Vorlesung an der Universität Frankfurt; Ende Anstellung Bundesrat W. Ritschard; DER LESER; DAS ERZÄHLEN; Vorlesung in Portugal
Werkjahr Pro Helvetia; Beginn der ZYTLUPE-Beiträge für Radio DRS
Vorlesungen in Griechenland und Ägypten; Nachwort zum Insel-Band SCHULMEISTER WUTZ von Jean Paul

Feiern zum 50. Geburtstag; Mitglied der Akademie der Künste Berlin; Korresp. Mitglied der dt. Akademie für Sprache und Dichtung Darmstadt; Teilnahme am R. Walser Colloquium in Rom; DER BUSANT; SCHULMEISTEREIEN
IRGENDWO ANDERSWO; Kolumnen 1980–1985; Dankesrede für J.P. Hebel-Preis

Preis der Schweizer Schiller-Stiftung; Gastdozent Dartmouth College USA; DER VIRUS REICHTUM
DAS DESINTERESSIERTE INTERESSE (übertragen durch das Fernsehen); NOTIZEN ZUR MISERE
Gastdozent Middlebury College Vt. USA; Preis der Stadt Luzern; DIE ARMEE IST TÖDLICH

1978	Neuer Kanton Jura durch Volkabstimmung anerkannt
1979	Ende des Schah-Regimes im Iran, Ajatollah Chomeini; Diggelmann gest.
1980	Krieg in El Salvador; Aufstand in Danzig; Tod J.B. Titos und J.-P. Sartres; Opernkrawall in Zürich; weitere Jugendunruhen; Krieg Irak–Iran
1981	Kritischer Vorstoss eines Nationalrats in der offiziellen Fragestunde; Proteste der freien polnischen Gewerkschaft Solidarnosc; Verhängung des Kriegsrechts durch Jaruzelski; P. Handke: KINDERGESCHICHTEN
1982	Neue Aufstände in Warschau; Falkland-Krieg; Libanon-Krise; Spielbergs Film E.T.
1983	Kriege im Nahen Osten; Bundesrat Ritschard gest., Nachfolger O. Stich
1984	Wahl von E. Kopp als erster Frau in den Bundesrat, K. Furgler drittes Mal Bundespräsident; Angst vor Waldsterben; Wiederwahl R. Reagans in den USA
1985	Anhaltende Rassenunruhen in Süd-Afrika; Asylantenprobleme in der Schweiz, Tod von M. Chagall und H. Böll
1986	Schweizer Ablehnung des Uno-Beitritts; Ermordung des schwedischen Präsidenten O. Palme; Umstrittene Wahl K. Waldheims zum österreichischen Bundespräsidenten; Treffen Reagan–Gorbatschow
1987	Rücktritt W. Brandts als SPD-Vorsitzender; Strassenkrawalle in Berlin-Kreuzberg
1988	Krieg Irak–Iran; Treffen Reagan–Gorbatschow in Moskau; Rücktritt E. Kopps
1989	Schweiz. Kontroversen und Affären um E. Kopp; Ablehnung der Initiative ‹Schweiz ohne Armee›; Fall der Berliner Mauer; Rücktritt der SED-Führung

Seminar für das Literaturbüro Frankfurt; Teilnahme an einem Seminar in Salamanca; Kolumnen IM GEGENTEIL; MÖCHTEN SIE MOZART GEWESEN SEIN?; PREDIGT FÜR DIE ANDERN Rede zur Jean-Paul-Woche Bayreuth; Trauerrede zum Tod M. Frischs	1990 Wahl M. Gorbatschows zum Präsidenten der UdSSR, Wiedereinbürgerung A. Solschenizyns; Vertrag zur dt. Wiedervereinigung; Jugoslawischer Bürgerkrieg; Tod F. Dürrenmatts
	1991 Krieg der Alliierten gegen Irak wegen irakischer Kuwaitinvasion; Feiern 700 Jahre Schweiz; Putsch gegen M. Gorbatschow, B. Jelzin wird Präsident; Tod M. Frischs
Pro Helvetia-Dozentur in N.Y. (Cuny); Rede bei der Pressekonferenz zum Thema EWR	1992 Bürgerkrieg Jugoslawien (Uno-Beobachter) und Afganistan; Ausländeranteil in der Schweiz 18%; Plan Alpentransversale angenommen; Beitritt zum EWR abgelehnt; Wahl B. Clintons zum Präsidenten der USA
ZUR STADT PARIS; AN DIE SCHWEIZ ERINNERN	1993 Wahl der SP-Bundesrätin Dreifuss; Anschläge von Neonazis in Rostock; Ende der Apartheid in Süd-Afrika
Essays über den Mythos viersprachige Schweiz u. über F. Glauser; Rede über S. Unseld	1994 Massaker in Ruanda; Eingreifen von Nato-Truppen in Bosnien; Krieg Tschetschenien–Russland; Estermann Stadtpräsident in Zürich; Drogenszene Zürich-Letten wird unhaltbar
Writer in Residence in Swansea; BRIEFTRÄGER-Kolumnen; DIE WAHRHEIT ÜBER PRINZ RAMA, RADIO AN UND FÜR SICH; Austritt aus der SP Solothurn	1995 Annäherung Israel–PLO; Serbenführer Karadzic als Kriegsverbrecher angeklagt; Verhüllung des Reichstags in Berlin; Rehabilitation des Polizeikommandanten Grüninger
Stadtschreiber-Literaturpreis Mainz; dazu ELEKTRONISCHES TAGEBUCH für ZDF; MENSCH UND NATUR (Greenpeace); Essay über Jean-Paul	1996 Nachrichtenlose Vermögen von Naziopfern auf Schweizer Banken; Einsetzung der Volcker-Kommission; Tod von J.R. von Salis
Mitunterzeichner Manifest für eine «andere Schweiz»; EIN LAND DER UNSCHULD; letzte ZYTLUPE-Sendung	1997 Wachmann Meili verhindert Aktenvernichtung durch SBG; Errichtung eines Fonds für Holocaustopfer; Unruhen in Albanien; Friede Russland–Tschetschenien; Sonde «Pathfinder» auf dem Mars; Tod von Diana, Prinzessin von Wales

EINLEITUNG

Ob Bichsel, (nach dem sich vorzüglich ergänzenden Zeitgenossenpaar Frisch und Dürrenmatt) tatsächlich Nummer zwei in der Rangliste der deutschschweizerischen Gegenwartsliteratur sei – eine These des Gesprächspartners im «*Nebelspalter*» 1982 – und ausserdem so etwas wie das Gewissen der Nation, wie es im Vorspann eines andern Interviews (Baumann, 1982) steht,[4] oder ob sein Stern bald verblassen werde, wie weniger freundlich Gesinnte munkeln, diese Fragen kümmern mich im folgenden wenig. Ein Autor, um den sich wohl sehr viele kluge Rezensenten und Kritiker im einzelnen gekümmert haben, den niemand aber «im gesamten» darzustellen versuchte, verdient meines Erachtens eine über das Einzelwerk hinausgehende Betrachtung. Mit diesem Ziel im Auge stösst man allerdings sogleich auf beträchtliche Schwierigkeiten. Bichsel lässt sich nur zum Teil von der Literatur aus erfassen. Zahlreiche seiner Äusserungen sind durch Radio und Fernsehen vermittelt worden; ausserdem ist seine Rolle als Zuhörer, Leser und Gesprächspartner in privaterem Rahmen für sein Verständnis ebenso wichtig wie einzelne Texte. Er ist einer der wenigen heutigen Autoren, die sich nicht auf die Schriftstellerei spezialisiert haben, ist Autor, aber ebenso Rezipient im weitesten Sinne geblieben.

Auch zwischen dem Schriftsteller und dem Homo politicus wird schwer zu unterscheiden sein. Er war während seiner ersten erfolgreichen schriftstellerischen Jahre in Gemeindekommissionen tätig, und die Freundschaft mit dem populären Bundesrat Ritschard ist für die Kulturlandschaft nicht nur der Schweiz eine merkwürdige Erscheinung, ja ein beachtenswerter Ausnahmefall. Die vielen Jahre der Freundschaft und Zusammenarbeit mit dem Magistraten bilden einen wichtigen Hintergrund. Auf der einen Seite der weitherum beliebte Landesvater, ein Mann der Praxis, der als ehemaliger Heizungsmonteur und später Gewerkschaftssekretär den Kontakt mit den einfachen Leuten nie verlor, sich allerdings vom hohen Amt mehr zermürben liess, als man bis kurz vor seinem Tode hätte ahnen können, der Frühaufsteher, der sich auf den Dichter, den Spätaufsteher, den Horizonterweiterer angewiesen fühlte. Auf der andern Seite der Autor der Kindergeschichten, fast ein Intellektueller, der Nestbeschmutzer, wie er oft genannt wurde, für oder gegen den Liebe und Hass im Volk oft ungewöhnlich hohe Wogen schlugen. Man lese die zahllosen Hörerzuschriften zum Beispiel zu den Radiosendungen «Zytlupe» seit 1983: schwärmerische Sympathiekundgebungen für eine gleichsam franziskanische Figur in der helvetischen Geschäftswelt neben den Ausbrüchen gegen den Dreckskerl, der die saubere Schweiz mit seinen Nörgeleien nicht in Ruhe lasse und sie durch seine Äusserungen beschmutze. Eine interessante Polarität. Ritschard meinte im Fernsehinterview mit Frank A. Meyer, nur durch den Kontakt mit dem klugen Dichter behalte er, da die täglichen Verpflichtungen so einengend wirkten, eine Ahnung von den geistigen Strömungen der Zeit.

Und der Schriftsteller ist auf den Nichtschriftsteller ebenso angewiesen, unter anderem, um aus seinem Schreibgehäuse herauskommen zu müssen, um zu sehen, dass die Schrift nicht alles sei. Eine Charakterisierung des Bundesrates im Sammelband 1983 (s. LV) ist aufschlussreich auch für den Verfasser des Artikels, für Peter Bichsel:

> *Jedenfalls, was man nicht sagen kann, sondern nur schreiben, das gilt bei Ritschard nichts und wird mit seiner recht beleidigenden Handbewegung weggewiesen. Ein Schriftsteller jedenfalls hat bei ihm nichts zu suchen, und das einzige, was den Schriftsteller bei ihm halten kann, ist, dass er den anders Denkenden (und nicht nur billig den Andersdenkenden) achtet, verehrt und braucht.*

Neben der Aufgeschlossenheit in der Reaktion auf Bichsel gibt es auch Borniertheit. Mit sichtlicher Genugtuung wurde mir von ein paar allzu rechtschaffenen Schweizer Publikationsorganen gemeldet, gottlob habe man nie etwas von oder über den Schriftsteller publiziert; seine Bedeutung bestehe ja nur darin, der Freund eines Bundesrates zu sein.

Die Frage der Popularität drängt sich auf, ebenso die der Gemeinschaft und der Landschaft, in der er lebt und schreibt.

Oft leben Dichter bedrängt von den grossen Fragen der Menschheit ohne eigentlichen Kontakt mit den «Leuten», dem Volk, wie man früher sagte. Bichsel scheint mir eine Ausnahme zu sein. Er liebt es, in Gasthäusern stundenlang mit andern, die gern herumhocken, über persönliche Schwierigkeiten, über Gott und die Welt und über Schweizer Politik zu plaudern und dazu seine Geschichten zu erzählen. Es sind vor allem Menschen, die (zu) viel Zeit haben, also nicht erfolgreiche Gewerbetreibende oder sonstwie Arrivierte.

Im folgenden werde ich wie in einigen meiner früheren Arbeiten mehr informieren als interpretieren. Gescheite Kommentare zu Bichsels Werk gibt es schon in grosser Menge. Es lohnt aber meines Erachtens die Mühe, die verschiedenen Texte erst einmal zu sammeln, denn Bichsel hat natürlich seine Sachen nie archiviert; es liegt ihm fern, bei Lebzeiten am eigenen Denkmal zu bauen, und es lohnt sich sicher, auch auf Abgelegeneres hinzuweisen – zum Beispiel zu schauen, was sich Leser in Amerika oder Polen bei diesen Texten dachten – und auch dies in das Inventar aufzunehmen, in Abwandlung einer Zielsetzung, die sich Bichsel einmal für seine Schriftstellerei gegeben hat. Mein Vorgehen hat eine methodische Unbestimmtheit zur Folge und führt hie und da zu Widersprüchen, so wenn ich das eine Mal vom politischen, das andere Mal vom unpolitischen Autor schreibe. Die Widersprüche liegen aber, denke ich, in der Natur meines Gegenstandes, ebenso das Provisorische meiner Ausführungen. Im ersten Teil werde ich mich mit seiner Biographie beschäftigen, im zweiten einiges über die Dichtungen sagen, im dritten auf die politische Szene eingehen, im vierten das Problem des schriftlichen und mündlichen Austauschs (durch Hochsprache und Mundart) wenigstens ins Auge fassen.

Meine Anfragen und Umfragen ergäben Stoff für ein besonderes Kapitel. Sie richteten sich an Institutionen wie Privatpersonen. Nur wenige reagierten, wie gesagt, engstirnig-abweisend, die meisten, darunter auch viele Amtsstellen, waren ausserordentlich hilfsbereit oder gar interessiert. Zu danken habe ich vor allem dem Autor, seiner Gattin und seinem Vater, Kurt Hasler, Bichsels erstem Lehrer, der Erziehungsdirektion des Kantons Solothurn, Rätus Luck von der Landesbibliothek in Bern, zahlreichen Kulturredaktionen von Radio und Fernsehen des In- und Auslands wie z. B. den Betreuern der Sendereihe «Zytlupe» im Studio Bern, den zuständigen Stellen unserer ausländischen Botschaften, der Direktion für internationale Organisationen in Bern, dem Luchterhand – und vor allem dem Walter Verlag, den an den jeweiligen Stellen erwähnten Übersetzerinnen, vielen Freunden und Bekannten, wie Monika Eugster-Nejedlá, Claire Scheuter, dem Benteli Verlag und, wie immer, meiner Frau.

Romanshorn, Anfang Mai 1984   H. B.

I. LAUFBAHN

Im Geschichten suchenden Experiment *Laufbahn* (1980, im mündlichen Vortrag früher auch «Karriere» genannt) schreibt Bichsel am Anfang: «Erzähl mir was. Erzähl mir was, und ohne mir Gedanken zu machen über Alter, Aussehen, Beruf und soziale Bezüge, erfinde mir einen Namen.» Im folgenden, biographisch gemeinten Bericht können Alter, Beruf und soziale Bezüge nicht wohl unterschlagen werden, und das Erfundene, all die Namen und erfundenen Begebenheiten, die mit der Person Bichsel im Zusammenhang stehen, rücken vorläufig notgedrungen in den Hintergrund. Die Zeitspanne zwischen 1955, als sein Name zum erstenmal von einer namhaften Zeitung hervorgehoben wurde, bis zum Antritt des Stadtschreiberamtes von Bergen-Enkheim im Jahr 1981 und späterer ähnlicher Ehrungen ist schon einigermassen überschaubar geworden.

Vorfahren, Eltern
Das Geschlecht Bichsel ist laut Historisch-Biographischem Lexikon der Schweiz im Kanton Bern weit verbreitet; nach einer intern-familiären Überlieferung ist es aus Schweden eingewandert, wo auch der Name Bexel[5] vorkommt. Der Heimatort des Autors liegt in Busswil im Oberaargau, dem nördlichen Teil des Kantons, der von den Stadtburgern oder Emmentalern oft als nicht ganz bernisch empfunden wird. Die nordöstlichen Bezirke des Kantons wurden nach langwierigen Unabhängigkeitskämpfen – das Zentrum des Kantons wirkte auf die dort aktiven Separatisten als Grossmacht – im Jahre 1978 als 25. Kanton der Schweiz, als Kanton Jura, selbständig. Ein Mehr an staatlich sanktioniertem Regionalismus schien damals den meisten Nichtjurassiern unvernünftig und ökonomisch unklug. Peter Bichsel, der für Minoritäten und das «Unkluge» stets viel Sympathie empfand, begrüsste die Loslösung. Die Juralandschaft war das bevorzugte Gebiet seiner Sonntagsspaziergänge mit Bundesrat Ritschard.[6]

Die Grosseltern Luise und Otto Bichsel-Fischer

Die Grosseltern Lina und Hans Bieri-Schär

Die Eltern Lina und Willi Bichsel-Bieri (etwa 1960)

Die Mutter mit dem dreijährigen Peter

Einer der Vorfahren ist vielleicht ein gewisser Peter Bichsel gewesen, der im Schloss Trachselwald 1580 wegen unbotmässigen Äusserungen gefoltert und dann des Landes verwiesen wurde. So der Geehrte anlässlich der Verleihung des Berner Literaturpreises im Dezember 1979.

Geboren wurde er am 24. März 1935 in der Hauptstadt der Urschweiz, nicht weit von den Gedenkstätten vaterländischer Besinnung, wohin er als Knabe mit seinem geliebten Lehrer Hasler die üblichen Schulreisen absolvierte und wohin er auch als Lehrer seine Schüler führte: in Luzern, im Kantonsspital. Das Kind schien zuerst kaum lebensfähig, und seine Linkshändigkeit führt Bichsel selbst auf die Komplikationen während der Entbindung zurück. Inwiefern auch seine spätere Legasthenie damit zusammenhing, bleibe dahingestellt. Peter war das erste Kind. Er besuchte mit seiner Mutter öfter den Grossvater (Bieri) in Huttwil und hatte eine Patin in Langnau. Sein Vater war Malermeister, und eines der wenigen Bücher im Haushalt, ausser der Bibel, war Kochs Malerhandbuch. Das war gut so; es scheint Bichsel für einen Schriftsteller vorteilhaft, aus einem Haus mit wenig Büchern zu stammen. Die Familie wohnte bis 1938 an der Sonnenbergstrasse 21, dann an der Bruchstrasse 68.[7]

Erinnerungen an die Mutter werden relativ spärlich registriert. Sie konnte ein wenig Französisch, was dem Knaben, der für diese erste Fremdsprache der Deutschschweizer überhaupt kein Talent hatte, sehr imponierte. Im Zusammenhang mit Fragen der Religiosität hörte man 1979 in einem Vortrag in Boldern:

> *Meine Mutter, Tochter eines Bäckers und BGB-Politikers* [der konservativen Bauern-Gewerbe- und Bürgerpartei] *aus Huttwil, hatte zwar eine Neigung zur Philosophie, ich meine zum Reflektieren – sie besuchte die Kirche ab und zu. Sie gab ihr Urteil ab über die Qualität der Predigt, eher über die Qualität als über den Inhalt – fromm war sie sicher nicht und wohl auch nicht gläubig. Sie hätte es sehr sehr ungern* [sie starb 1977]*, dass ich überhaupt davon spreche.*

Die Erinnerungen an den Vater hingegen ziehen sich durch das ganze Werk, als Zeugnisse liebevollster Achtung, ja Verehrung. Am Anfang versteckt durch schöne Bilder alternder Männer, später explizit. Er besass eine kleine Malerwerkstatt, verkaufte sie aber, erzählt Bichsel einmal, wegen der Linkshändigkeit seines einzigen Sohnes und wurde Arbeiter bei den Schweizerischen Bundesbahnen. Die Achtung der Vatergestalt macht, denke ich, den Hauptunterschied aus zum an sich wesensverwandten Œuvre Max Frischs. Auf der Reise nach Ceylon beobachtete Bichsel den Blick eines Handwerkers aus Europa beim Essen, seine Schweigsamkeit. «[...] und dann dieser Blick in die Ferne, ich kenne ihn von meinem Vater und habe nie herausgefunden, was er bedeutet, aber es gibt diesen Blick bei Handwerkern.» Ferner heisst es in bezug auf Glaubensfragen im Vergleich zur Mutter in der eben erwähnten Rede:

> *Die religiöse Herkunft meines Vaters ist einfacher zu beschreiben und weit schwerer erfassbar. Seine Eltern waren in der Brüdergemeinde, im Blauen Kreuz auch. Sein Vater, mein sehr geliebter Grossvater,[8] war ein aufrechter und tapferer Christ, meine Grossmutter vielleicht eher etwas bigott und frömmlerisch. [...] Er besuchte die Kirche häufig, presste dort die Lippen aufeinander, weil er Angst hatte, er könnte einmal mitsingen. Mein Vater konnte nämlich nicht nur nicht singen – es war viel schlimmer, er wusste nicht, ob er singen kann oder nicht, weil er es in seinem ganzen Leben nie versucht hat. Ich meine auch das als Beschreibung seiner Religiosität.*

Im Februar 1941 übersiedelte die Familie von Luzern nach Olten und wohnte in einem Eigenheim am Pfarrweg 9.

Der Knabe liebte die Sonntagsschule, war Mitglied einer Gruppe der Jungen Kirche und besuchte auch den Hoffnungsbund des Blauen Kreuzes; der Traum, dereinst Missionar zu werden, hing wohl mit den Idealen des Grossvaters zusammen.

Der Schüler
Während der zwei letzten der sechs Jahre Primarschule wurde er von Kurt Hasler unterrichtet.[9] Hasler hat sich, ausser durch das Lehramt, als Lokalhistoriker und Journalist in seiner Umgebung einen Namen gemacht; zahlreiche Zeitungsartikel über Burganlagen, kriegerische Ereignisse im Zusammenhang mit Olten und Solothurn zeugen von seinem Patriotismus. Einer der zahlreichen Titel scheint mir, allerdings eher als Gegensatz zu Bichsels Schaffen, typisch zu sein: «Grenzblöcke als Friedensstifter». Er enthält u. a. interessante Bemerkungen über den sogenannten Herrlichkeitsstein. Erinnerungen Bichsels an den Lehrer finden sich, mit oder ohne Namensnennung, in zahlreichen Artikeln verstreut. In *Mit Tell leben* (1971) schrieb er: «Wenn ich den Namen «Tell» höre, denke ich viel mehr an den flammenden Patriotismus, an die feurigen Augen meines Primarlehrers als an den Vierwaldstättersee. Und ich habe diesen Lehrer und seinen Patriotismus glühend verehrt.»

Im Fremdsprache-Vortrag 1979 heisst es: «Ich hatte einen 5./6. Klasslehrer, der meine Aufsätze liebte und schätzte – trotz der 40 Rechtschreibefehler, trotz meiner Landschrift und meiner Kleckse – er hat mein Talent unter dem Schutt meiner Legasthenie, unter dem Schutt meiner Linkshändigkeit für mich ein für allemal entdeckt. Kein Bezirkslehrer und kein Mittelschullehrer konnte mich mehr von meiner Überzeugung abbringen, dass ich ein Schriftsteller sei. Die Befreiung durch meinen Primarlehrer Kurt Hasler war endgültig und unwiderruflich, und wer mir von da an in Deutsch schlechte Noten machte, dem begegnete ich achselzuckend oder gar mit Erbarmen.»

Ähnliche Bemerkungen finden sich in den *Geschichten* und, im Zusammenhang mit den Äusserungen über seine Schreibangst, die Schreibhemmungen, das Wenigschreiben, in den Frankfurter Poetikvorlesungen.

Es ist bestimmt nicht zu hoch gegriffen, Kurt Hasler seinen ersten literarischen Mentor zu nennen. Von fünf erhaltenen Schülerarbeiten sticht «Ein Aufsatz entsteht» heraus. Nicht

Schulfest in Olten im Sommer 1947.
Lehrer Hasler vorne rechts, Peter der 4. Girlandenträger

Peter als etwa 21jähriger   *Peter mit seinem Freund*
                                Schang Hutter, etwa 1957

wegen der sehr persönlich bedingten Metaphorik, sondern als Vorahnung der Reflexionen in den *Jahreszeiten*. Der Schüler hat sich hier allerdings einen Erzähler Heinz erfunden:

> *Jetzt blickt er auf und nickt ein paarmal, als ob er Buchstaben aus seinem Kopf schütteln will. Plötzlich hebt er die Hand, lässt den Bleistift zwischen den Fingern baumeln, stemmt ihn unter die Nase und fängt an zu bohren. [...]. Er kratzt und quält sich mit seinem Spiess, dem Bleistift, bis ihn dann ein guter Gedanke erlöst. Hinter einer Ringmauer, die die linke Hand bildet, schreibt er, indem sein Gesicht Hügel, Täler und Gletscherspalten bildet, seine Sätze. Der Kopf liegt beim Schreiben auf die Seite, denn er ist gross und schwer.*

Auf die sechs Jahre Primarschule folgten drei Jahre Bezirksschule, ebenfalls in Olten. Die Noten in Deutsch waren noch leidlich gut, obgleich einmal der Fleiss ein wenig bemängelt wurde. Konfirmiert wurde Peter 1951 in der evangelisch-reformierten Friedenskirche.[9] Olten hat in der Erinnerung seinen Wert behalten. Anlässlich der Preisverleihung durch die Stadt im Jahre 1966 erzählte Bichsel vom späteren Heimweh und nannte den Ort die «Bezeichnung meiner Kindheit». Dann: «Olten ist mein Kinderland, nirgends lässt sich so gut spielen wie im Mülitäli, wie an der Alten Aare; nirgends gibt es in der Schule so viel zu erleben; in keiner Schule lassen sich so viele Streiche spielen, nirgends gibt es Lehrer, die einem so viel Eindruck machen. Und nur der Oltner Bahnhof ist für mich ein richtiger Bahnhof, andere sind zu gross oder zu klein. Oder genauer, nur der Bahnhof, den ich in Erinnerung habe, ist ein richtiger.»

Seminar
So war der Weg westwärts in die viel urbaner wirkende Stadt Solothurn sicher kein reines Vergnügen. Da waren einmal die gestrengen Oberlehrer (Mittelschullehrer, wie sie hierzulande genannt werden) an der Lehrerbildungsanstalt, dem Seminar des Kantons. Das Leistungsprinzip galt hier mehr. Im ersten

Semester hatte er einzig im Fach Deutsch ein Ungenügend – was in der vagen Erinnerung im Vortrag über Fremdsprachen (1979) zur Behauptung geführt haben mag, er sei durch den Deutschlehrer ins Provisorium versetzt worden. (Im gleichen Vortrag gab es Reminiszenzen in bezug auf seine Schwierigkeiten mit der französischen Sprache.)

Religiöse Aktivitäten spielten eine ähnliche Rolle wie früher die in der Sonntagsschule und in kirchlichen Jugendorganisationen: die einer Emanzipationsmöglichkeit aus den starren Regeln des Alltags. Um neun Uhr pflegte er den katholischen Gottesdienst zu besuchen, um zehn Uhr in der reformierten Kirche Sonntagsschule zu halten. Dieses Doppelleben entsprang bestimmt nicht einer ökumenischen Abgeklärtheit, sondern nach seiner eigenen Meinung einem latenten Chaos. Ein verehrter katholischer Theologe, der ihm unter anderem half, die moderne Kunst verstehen zu lernen, riet ihm deshalb von einer Konversion ab. Von dieser religiösen Sturm-und-Drang-Periode Anfang der 50er Jahre gibt es ausser den Erinnerungen in der Rede «Abschied von einer geliebten Kirche» (1979/80) kaum offizielle Zeugnisse. Auch die Teilnahme an der sogenannten Gfenner Nacht fällt in eine spätere Zeit. Seine damalige Predigt im Herbst 1980 soll sehr eindrücklich gewesen sein.[11]

Zu den intellektuellen oder religiösen Anregungen kamen praktische Erfahrungen. In einem Interview für die Gewerkschaftszeitung *Bau + Holz* (1985) und in der Rede *Der Virus Reichtum* für die gleiche Gewerkschaft (1987) erzählt Bichsel, wie er während der Seminarzeit mit Bauarbeitern in Kontakt gekommen sei und diese Solidarität durch den Beitritt in die Gewerkschaft besiegeln wollte.

Am 1. April 1955 wurde der Seminarist dem solothurnischen Regierungsrat laut Schlussbericht zur Patentierung als Volksschullehrer vorgeschlagen, und er konnte schon im gleichen Monat eine Stelle im benachbarten Lommiswil antreten. Hier blieb er zwei Jahre. Eine bewegte Zeit: Beginn der Lehrtätigkeit, grosse Hilfsbereitschaft, wie Beteiligte bezeugen, im Kollegen- und Schülerkreis, bevorstehende Verheiratung, bevorstehender Militärdienst, erste Gedichtveröffentlichung. Beginn ausserdem wichtiger Freundschaften wie der mit Schang Hutter. Die beiden erhielten zusammen 1969 Förderungspreise des Kantons Solothurn. Für den Künstler hat Bichsel 1973 zweimal, dann auch 1976 und 1980 Vernissagen eröffnet. Bichsel lobte den Bildhauer, seine Holzfiguren, seinen Unmut und seine Traurigkeit und versuchte zu erklären, warum Hutter von Solthurn nach Hamburg gezogen sei.

Bichsel war ein beliebter Lehrer. Auf seine Auseinandersetzungen mit der Institution Schule und dem Beruf komme ich zurück.

Militär

Die Rekrutenschule der Sanitätstruppen in Basel vom Sommer bis zum Herbst 1955 muss eine Qual gewesen sein. Es war vermutlich mehr Angst vor einem unpersönlich-starren Rahmen und vor groben Umgangsformen als ideologisch begründete Ablehnung des Militärs; sonst wäre Bichsel 1963 kaum zum Gefreiten befördert worden.

Das Prinzip der bewaffneten Neutralität, die allgemeine und darum nach der Meinung der Befürworter zur Demokratisierung führende Wehrpflicht, die in der Figur Tells mythisierte Treffsicherheit im Schiessen, die bald offen zugestandene, bald versteckte Männerbündelei, die vielleicht mit dem Abwehrwillen zusammenhängende lange Friedenszeit der Schweiz, das Uniforme als Gegensatz zur manchmal allzu extremen Vielgestaltigkeit des Landes, all das und mehr hat dafür gesorgt, dass die Armee bei der Mehrheit des Schweizervolks beliebt geblieben ist. Eine heilige Kuh? Einfach ein Stück Folklore, wie Bichsel denkt?

Seine Äusserungen über unsere Armee sind zur Hauptsache negativ; positive Bemerkungen sind selten und höchstens beiläufig. In einem Brief vom 18. November 1963 an Otto F. Walter schreibt er, während des Literarischen Colloquiums in Berlin sei er um seine Militärerfahrungen froh gewesen (mit jemandem sprechen zu können, ohne seine Ansichten zu teilen; zu gehorchen, ohne sich zu verkaufen).

In den *Geschichten* steht zu lesen, er habe Dienstkameraden im allgemeinen lieber als Schulkameraden oder Berufskollegen (S. 128 f.), hier allerdings mit der klaren Feststellung, er möge Militärdienst nicht. Schon im Beitrag über «seinen» Hauptmann Defregger (1969) ist dies einleuchtend begründet worden.[12] In der Sendung «Das prominente Mikrophon» (1980) war von schrecklicher Angst und von Angstträumen vor und während der Dienstleistungen zu hören, in der Glosse «Erzähle mir vom Wetter» (1982) davon, wie ihm durch das Gebrüll unter Soldaten oft das Gefühl gekommen sei, sein Name werde ihm genommen. Allgemeines und Grundsätzliches ist darüber hinaus natürlich in den später zu erwähnenden politischen Arbeiten und im polemischen Kommentar zur Frage der Dienstverweigerung «Warum ich Jürg Wehren nicht verteidige» (1970) zu erfahren. Oder in der Entgegnung zu Korpskommandant Feldmanns Wunsch, die Schweizer sollten härter werden, im Beitrag «Hart und weich» des Radiozyklus «Zytlupe» 1983. Die umfassendste Erklärung seiner Einstellung aber war meines Erachtens 1982 im Interview mit Frank A. Meyer zu bekommen: im Militärdienst regiere Taktik, eindeutiges Entscheiden. Davor habe er, Bichsel, immer Angst.

Die Neueinteilung innerhalb verschiedener Artillerieeinheiten und später im Territorialdienst, die Wiederholungskurse in allen möglichen Gebieten der Schweiz oder die eben erwähnte Beförderung zum Gefreiten vermochten an seiner Einstellung nichts zu ändern.

Wahrscheinlich spielt bei seiner Ablehnung jeder Armee die Abneigung gegen strenge Disziplin und gegen starre Systeme eine entscheidende Rolle. In Ost und West gilt für das Militär die Devise «Befehl ist Befehl» (dessen Ursprung immer noch im dunkeln liegt), steht also blinder Gehorsam stets im Vordergrund. Die Einteilung in bestimmte Klassen oder gar Kasten, die starre Strukturierung des Ganzen bleibt wichtig. Klassifizierungen im Menschlichen sind Bichsel ein Greuel, ganz zu schweigen davon, dass jede Armee zum Töten vorbereitet. Strenge Klassifizierungen erinnern an schlechte

Schulerfahrungen; ‹Klasse› hängt ja mit lateinisch ‹classis› zusammen, ‹Disziplin› mit lateinisch ‹discipulus›.

Heimat und Fremde, erste Erfolge
Im Januar 1956 heiratete Peter Bichsel Maria Theresia Spörri. Nach der Ziviltrauung folgte eine kirchliche Feier in der katholischen Marienkirche in Solothurn. Die Tochter Christa Maria kam im gleichen Jahr, der Sohn Matthias 1957 zur Welt. Ehe und Familie sind für Bichsel wichtig. Auf die Interviewfrage Naefs 1981, worauf er im ganzen stolz sei, antwortete der Befragte, er sei stolz auf die 26 Jahre des Verheiratetseins, das halte er für eine Leistung, auch von seiner Frau.

Die Übersiedelung von Lommiswil in die südlich von Solothurn gelegene Ortschaft Zuchwil 1957, die neue Lehrstelle an der dortigen Primarschule, die hie und da zermürbende Tätigkeit in kleinen Kommissionen und weitere literarische Unternehmungen machten Zuchwil zu einer sehr wichtigen Station auf dem Lebensweg und zu einem wichtigen Ort für die kleine Familie. Hier entstanden die Milchmanngeschichten. Bis 1960 wohnten Bichsels an der Luzernerstrasse, dann am Postweg.

1963 wurde er zum Literarischen Colloquium in Berlin eingeladen und traf dort unter anderen Walter Höllerer, Hans Werner Richter, Peter Weiss und Günter Grass.[13] Selbstverständlich war dieses fremdartige literarische Klima für ihn anregend, ganz zu Hause aber konnte er sich nicht fühlen. Im Brief vom 18. November 1963 an Otto F. Walter schrieb er, nach dem Hinweis auf einige unter Literaten nur allzu übliche kleinere Aufregungen: «Ich bin froh, dass ich in Zuchwil schreiben darf.» Das ‹Dürfen› war hier keine leere Floskel.

Zwischen den Vertretern des Colloquiums und der «Gruppe 47» gab es enge persönliche Verbindungen. Im Sommer 1964 erhielt Bichsel von Hans Werner Richter die Einladung, an der Tagung der Gruppe in Sigtuna am Mälarsee in Schweden teilzunehmen. Man traf sich dort zum 27. Mal. Über politisch-gesellschaftliche Voraussetzungen, die Teilnehmerzahl (mit 83 Deutschsprachigen), das Fehlen verschiedener Prominenter, das relativ tiefe Niveau der Vorlesungen berichtet Frederick Benzinger in seiner Stockholmer Dissertation 1983 «*Die Tagung der ‹Gruppe 47› 1964 und ihre Folgen*».

Beim nächsten Treffen, im November 1965 in Berlin am Wannsee, erhielt Bichsel dann den ausserordentlich begehrten Preis der Gruppe für ein Kapitel aus den *Jahreszeiten*. Nicht für die Milchmanngeschichten, wie zum Beispiel Klara Obermüller im Reclamband *Deutsche Gegenwartsliteratur* (1981) schreibt.

Zur Tagung waren 26 Schriftsteller angereist. Weil das Gerücht, Bichsel sei vor allem durch das Wohlwollen der «Gruppe 47» zu Ruhm gekommen, sich immer noch hartnäckig hält, lohnt es sich, das Verhältnis Autor–Förderungskreis kurz zu betrachten.

Die Gruppe galt weitherum als (links)elitär; Hans Werner Richter beanspruchte Plein Pouvoir, Kandidaten einzuladen oder nicht einzuladen. Die strenge Auslese hatte zur Folge, dass sich Verleger die Erfolgreichen rasch zu merken begannen; eine Tagung wurde kommerziell interessant. Trotz der Invektiven Hans Habes oder des Abseitsbleibens namhafter Dichter wie Nossack, Frisch, Dürrenmatt konnte man die Notwendigkeit eines solchen unabhängig-kritischen Forums nicht leugnen, und so blieb die Institution, die keine sein wollte, bis Ende der 60er Jahre (offiziell bis 1977) ein wichtiges literarisches Manövergelände für Arrivierte und Anfänger. Hie und da gerieten einige in den Sog von Modeströmungen. Heinz Friedrich hat in seiner streckenweise recht bissigen Marginalie zur Berliner Tagung in der *NZZ* vom 9. Dezember 1965 den an Pornographie grenzenden Sexual-Konformismus von Beiträgern wie Faecke oder Held gegeisselt und schreibt zum Schluss, das Auditorium habe mit überwältigender Mehrheit diese Art von falsch verstandener Liberalität desavouiert; Marcel Reich-Ranicki reagierte in ähnlichem Sinn im Tagungsbericht der *Zeit* vom 3. Dezember des gleichen Jahres; der Preis für Bichsel sei die «höchst notwendige und längst fällige Entscheidung gegen das Krampfhaft-Modische in der Gegenwartsliteratur und für die künstlerische Qualität» gewesen; am darauffolgenden Fest habe Bichsel nicht dabeisein können, weil er in Zuchwil am nächsten Morgen rechtzeitig vor seinen Schülern habe stehen müssen.

Bichsel hat sich im ganzen in der Gruppe stets wohl gefühlt und meint rückblickend im Gespräch mit Carl Paschek (in der Uni-Zeitung) recht selbstbewusst: «Ich habe dort das Spiel ‹Literatur› kennengelernt und die Leute, die es betreiben. Ich gehörte dazu, und das hat mir gefallen. Zu meinem ‹Werdegang› hat es nichts beigetragen.»

Schon zu Beginn der 60er Jahre war man auf ihn aufmerksam geworden. 1962 hatte Erwin Jaeckle, Lyriker, Redaktor der *Tat*, Nationalrat, Proben aus den Milchmanngeschichten in seiner Zeitung veröffentlicht. Der Veröffentlichung der ganzen Sammlung Ende 1964 war dann ein ausserordentlicher Erfolg beschieden. Im Frühjahr 1966 erhielt Bichsel den Förderpreis der Stadt Olten (Otto F. Walter gleichzeitig den Kunstpreis) von 5000 Franken. Die Laudatio für die Geehrten hielt ihr damals schon sehr geachteter Landsmann, der Würzburger Ordinarius Beda Allemann.

Freier Schriftsteller, Reisen
Die folgenden Jahre sind schwer unter einen Nenner zu bringen. Es gab ungewohnt viele negative Reaktionen auf das Prosastück *Jahreszeiten* (1967), für das er immerhin von den Deutschen ausgezeichnet worden war, zwei Jahre später allerdings einen Riesenerfolg mit den *Kindergeschichten*. 1968 übersiedelten die Bichsels nach Bellach. Dann kamen neue Ehrungen, 1968 von Solothurn, 1970 von Hamburg; 1969 der offizielle Austritt aus dem solothurnischen Schuldienst, für ein Jahr Redaktionstätigkeit bei der *Weltwoche*, schliesslich eine Zeitspanne, die von vielen enttäuscht als Zeit der Schweigsamkeit oder Unfruchtbarkeit angesehen wurde. Waren das nach den sieben fetten Jahren nun einfach die sieben mageren? Der Grund des «Verstummens» lag sicher zum Teil im offiziellen Arbeitsverhältnis zu Bundesrat Ritschard, dem Vorsteher des Verkehrs- und Energiedepartements, später des Finanzdepartements.

1971 schuf Bichsel mit Alexander J. Seiler zusammen den Film *Unser Lehrer* – und erregte damit viel Missfallen und Ärger. Auch während dieser Zeit verschiedenartigster Unternehmungen innerhalb seiner Heimat wurde er glücklicherweise häufig ins Ausland eingeladen. 1969 las er in Prag und Brünn, 1971 in England und Irland. 1972 war er «Writer in residence» im Oberlin College in Ohio; 1973 las er mit Jörg Steiner zusammen, eingeladen vom Schweizer Institut von Rom in der deutschen Bibliothek des dortigen Goethe-Instituts; 1976 nahm er am German Semester der University of Southern California in Los Angeles teil. Ein Jahr darauf reiste er, unterstützt vom Goethe-Institut und von der Pro Helvetia, nach Australien und Neuseeland. Und so fort[14]. Erst 1979 erschien mit *Geschichten zur falschen Zeit* das lang erwartete neue Buch.

Bichsel ist kein auf das Reisen angewiesener Schriftsteller[15] wie etwa Max Frisch. Kein Kosmopolit, der sich in einer Schweizer Stadt auf gleiche Weise wohl oder nicht wohl fühlt wie in New York und Berlin. (An beiden Orten hält er sich immer wieder gern auf.) Und doch auch keine Mimose, die für das Schaffen ein stilles Turmgemach braucht. Seine eindrucksvollen Momentaufnahmen aus aller Welt sind durch Staunen und die Fähigkeit des Überraschtseins bestimmt. Ein Beispiel aus den *Geschichten*: «Es gefällt mir hier [in Australien], und ich schäme mich, dass es mich überrascht. Ich schäme mich, dass ich auf die Erzählungen der Leute, die hier waren – Touristen, Geschäftsleute –, hereingefallen bin. Ich hätte wissen müssen, dass Touristen nur Augen für Typisches haben und zum vornherein wissen, was typisch zu sein hat, und dass sie, wenn sie zurückkommen, nur Dinge erzählen, die sie vorher schon wussten.» (S. 151) Die Sensibilität und Dezenz, ja Scham, die ihn vor der üblichen Touristenoberflächlichkeit feit, hängt, denke ich, mit seiner Heimatverbundenheit zusammen. Aufgeschlossenheit in Verbindung mit Treue zu dem, was er mitbekommen hat, zeigt sich in einem religiös zu nennenden Erlebnis, von dem er im Vortrag in Boldern erzählt. In Bali traf er einen eingeborenen Hotelangestellten, der fand, das Christentum sei eigentlich eine unfromme Religion. Die weiteren Erlebnisse und Gespräche im Land überzeugten dann Bichsel von der tiefen Religiosität der Menschen dort, und ihre Gläubigkeit ergriff ihn dermassen, dass er Angst bekam, ganz dem Zauber des Fremdartigen zu erliegen. Er reiste ab, weil er befürchtete, Hindu zu werden. Das wollte er nicht, wird sogleich beigefügt. Ergänzend auch, dass er in der Jugend nie eine der üblichen Begeisterungsperioden für fremde Religionen durchgemacht habe; seine religiösen Erlebnisse hätten ausschliesslich das Christentum betroffen.

Während all der Jahre des Reisens, Vorlesens, der politischen Arbeit auf Bundesebene blieb er dem Lehrerberuf im weitesten Sinn verbunden. Die Erfahrungen als Dorfschullehrer haben ihn wohl davor bewahrt, dem Hang zum Missionarischen nachzugeben. Trotz aller Schulmeistereien ist er in breiten Schichten der Bevölkerung (im Gegensatz zu seinem Freund Max Frisch, dem Bichsel bis zu dessen Tod sehr nahe stand)[16] im Lande relativ populär geblieben. Cum grano salis: Frischs gescheite Belehrungen, wir man die Schweiz verbessern und verändern könnte, wurden dem Belehrenden ausser in Kreisen der Intelligentzija mehr verübelt als Bichsels besorgt-traurige Ermahnungen.

Der Lehrer

Im Gespräch mit Jutta Baier und Schildberg 1982 nennt sich Bichsel einen schulmeisterlichen Autor, einen Moralisten, der seinem Beruf im Grund nie untreu geworden sei. In der Tat hängen zahlreiche seiner literarischen Erzeugnisse mehr mit der Schulstube zusammen, als man beim ersten Zusehen meinen könnte. In der Schule schreibt man keine Romane (wenigstens nicht in Europa). Bichsels bekannteste Werke, die Milchmann- und Kindergeschichten, haben den Umfang von Schülerarbeiten. Sein Vorbild Robert Walser hat seine ersten Skizzen, verschmitzt lächelnd, als Produkte der Schulbank deklariert. War denn nicht die Schule früher ein Ort der Musse, eines gewissen Freiseins von praktischer Verantwortung? Griechisch ‹σχολή› bedeutete ‹Freisein von Geschäften›, ‹Ruhe› etc. In der heutigen Leistungsschule wird das Element des Freiseins, wer weiss das nicht, häufig missachtet. Gegen die Missachtung eines solchen Freiseins hat sich Bichsel eh und je entschieden gewehrt.

1969 beklagt er im Artikel «Die Primarschule – ein Geschäft ohne Partner» das fehlende Streikrecht der Schüler und berichtet, wie seine Schüler früher seine Fehler oft nur allzu gern hingenommen hätten, statt sich zu wehren. Im Vorwort zum Rotbuch 2 *Scuola Barbiana* (deutsch 1970) plädiert er von neuem für die unterdrückten Schüler und behauptet, man müsse heute oft davon ausgehen, dass die Schule den Anforderungen der Schüler nicht gewachsen sei, nicht umgekehrt; ausserdem berichtet er, wie er seinerzeit Schüler falsch eingeschätzt habe, was ihm mit Recht nachgetragen worden sei, und wie er sich solcher Fehleinschätzungen jetzt schäme. Der 1971 mit Alexander J. Seiler gedrehte Film *Unser Lehrer* veranschaulichte seine Überzeugungen durch Szenen der Schulklasse Schmid in Zürich.[17] Im Kommentar beklagt Bichsel das Vorurteil vieler Lehrer, die Kinder seien nicht lernwillig. Die Vorführung des Films im Fernsehen hatte rege Diskussionen in Eltern- und Lehrergremien, aber auch einige gehässige Angriffe zur Folge. Einige dachten, der dargestellte Lehrer werde blossgestellt. Nach der Absicht der Verantwortlichen hätten durch die Darstellung dieses guten Lehrers – so wurde er allgemein beurteilt – lediglich Fehler des Systems demonstriert werden sollen. Bichsel hat sich daraufhin für einige Zeit in die Propstei St. Gerold im Grossen Walsertal (Vorarlberg) zurückgezogen.[18]

Der Widerstand gegen altmodische Unterrichtsmethoden hat in der Schweiz eine ehrwürdige Tradition. Johann Heinrich Pestalozzi, dessen Pädagogik Bichsel allerdings im Gegensatz zu derjenigen Jean Pauls nicht revolutionär genung findet, wurde von vielen Nachfahren und einigen wichtigen Zeitgenossen zwar anerkannt, seine Pläne konnten zu seinen Lebzeiten indes nur mit grösster Mühe und nur teilweise verwirklicht werden. Das Ziel eines weniger durch Strenge als durch Liebe bestimmten Unterrichts und das, was er «Elementarbildung» nannte, schien und scheint utopisch. Niemals sollte der Zwang zu bestimmten Übungen den Geist der Kinder ‹abmatten›; Künstlichkeit sei Gift für ihre Seele. Pestalozzi war seinerzeit eine sehr umstrittene Persönlichkeit, und nur die Einsichtigsten empfanden ihn als das grosse Genie des Herzens. Ob Bichsels Anschauungen ihm im wesentlichen doch sehr verwandt sind? Susanne Steiner sieht in ihrer Untersuchung (1982) eine solche Verwandtschaft.

Unterrichtstheorien haben Bichsel immer wieder beschäftigt. In den Frankfurter Poetikvorlesungen und später im Jean Paul-Essay erwähnt er zum Beispiel Paulo Freires *Pädagogik der Unterdrückten* aus dem Jahre 1970 und Ivan Illichs Vorschlag, die Schule überhaupt abzuschaffen. Freire bekämpft unter anderem die «Einnistung» des Lehrers «in seine Schüler» und die Auffassung des Lernvorgangs als «Spareinlage». Am aufschlussreichsten für unsern Zusammenhang ist Bichsels Rede anlässlich des Jubiläums der VPOD-Sektion Lehrer in Zürich am 30. Mai 1981 mit dem Titel «Wissen ist Widerstand». Da erzählt er von den Angstträumen, die ihn auch nach dem Abschied vom Schuldienst verfolgten, vom Zwang des Geigenunterrichts, vom ersten freudigen selbständigen Lernerlebnis, vom Gegensatz der Lernschule zur Prüfungs- und Selektionsschule und von bedrückender «Schularbeit».

Stadtschreiber und Rundfunkautor
Das Jahr 1981 brachte Aufregungen unangenehmer und angenehmer Art. Auf den *Spiegel*-Artikel «Das Ende der Schweizer Unschuld», der mancherlei Verunglimpfungen und ausserdem sogar einen parlamentarischen Vorstoss zur Folge hatte, werde ich im übernächsten Kapitel zurückkommen. Reine Freude brachte die Wahl zum Stadtschreiber von Bergen-Enkheim. Reine Freude nicht zuletzt, weil er als erster Ausländer, der dieses begehrte Amt erhielt, von den Einheimischen mit ausserordentlichem Wohlwollen begrüsst wurde. Seine Popularität war unbestritten. «An der Oberpforte», wo sein Stadtschreiberhäuschen stand, fühlte er sich für die einberaumte Zeitspanne durchaus zu Hause. Franz-Joseph Schneider hatte dieses (fiktio-

nale) Amt aus Bichsel sehr sympathischen Gründen vorgeschlagen: Ein Rest von Eigenständigkeit sollte der in Grossfrankfurt eingemeindeten Ortschaft auf diese Weise erhalten bleiben. Bergen-Enkheim ist ungefähr gleich gross wie Solothurn.

Dieses höchstdotierte deutsche Stipendium verpflichtet an sich zu keinen speziellen Aufgaben, nicht einmal zur Wohnsitznahme dort. Bichsel fühlte sich aber der Stadtbevölkerung sehr verpflichtet. Er freute sich, als Zuhörer da zu sein, selber vorzulesen und allenfalls zum Lesen zu verführen. In den Poetikvorlesungen erzählt er, wie ihm die Leute ihre Bücher in seine Stammkneipen brachten und wie er sich deshalb mit allerlei Schmökern abzumühen hatte, den Leuten zuliebe (S. 25). Georg Ubenauf hat 1982 einen detaillierten Bericht darüber verfasst, welche Wirtshäuser (wie die «Oberpforte») Bichsel am meisten, welche er weniger frequentiert habe, ferner einen über die Lesungen für Kinder und für die Alten, schliesslich die Äusserung Schneiders überliefert, Bichsel sei von den bisherigen Stadtschreibern der aktivste gewesen.

Erwähnt sei noch der Rummel um den Geehrten, die sicher mehr als 150 Veranstaltungen, die Nachbarschaft oder Gegenwart Siegfried Unselds, der Besuch des Freundes und Bundesrats Ritschard, die mit viel Liebe und Sorgfalt von Carl Paschek zusammengestellte Ausstellung der Stadt- und Universitätsbibliothek Frankfurt vom Januar bis Februar, die Laudatio Max Frischs im August 1981, die nicht überwundene Vorliebe für Schweizer Kaffee und Schweizer Cervelats, die er in einer Glosse der *Zeit* selbst als ein wenig chauvinistisch ironisierte. Er hat laut verschiedenen Interviews trotz aller Sympathie, die er für die Einwohner empfand und die ihm von ihnen entgegengebracht wurde, nie daran gedacht, in Deutschland zu bleiben. «Ich bin hier sozusagen in eine Kaserne eingerückt – in eine Luxuszelle», sagte er 1982 zu Herrn Rederlechner. In Bergen, das ihm weder schön noch hässlich schien, also sicher nicht operettenhaft wie Solothurn, konnte er Distanz gewinnen zur Heimat – oder, wie der Reporter der *Neuen Zürcher Zeitung* anlässlich seines Besuches festhielt, sie «in milderem Licht» sehen, nicht mehr in skeptischer Schärfe; die Behauptung in den *Geschichten*, die schweizerische Demokratie sei verschlafen, nehme er jetzt zurück, hiess es da.

Nach dem einjährigen Aufenthalt wirkte der Empfang für den Heimgekehrten in Solothurn geradezu triumphal. Bichsel hatte sich immerhin sehr lange im Ausland aufgehalten; Ritschard und der Landammann des Kantons begrüssten ihn, und die einheimische Brass-Band spielte auf.

Vierzehn Jahre später wurde ihm das Stadtschreiberamt in Mainz (mit Wohnung im Gutenbergmuseum und einem Stipendium von 24.000 Mark) angeboten. Das Zweite Deutsche Fernsehen als Sponsor erwartete von ihm wie von den Vorgängern ein sogenanntes «elektronisches Tagebuch». Das seltsame Produkt «Wir hätten in Spiez umsteigen sollen» wurde am 12. Dezember 1996 ausgestrahlt.

Die Medien haben solche Ehrungen eifrig kommentiert[19], und Bichsel hat sich den Rummel gefallen lassen. Von seiner eigenen Mitarbeit an Radio-Sendungen sei hier speziell auf «Das prominente Mikrophon» aus der Zeit kurz vor Antritt des Amtes in Bergen-Enkheim und den späteren Zyklus «Zytlupe» hingewiesen.

«Das prominente Mikrophon» bezweckt, bekannte Persönlichkeiten den Schweizer Hörern näherzubringen, durch das, was die Prominenten gern haben, Musik zum Beispiel. Bichsel begann mit der Wiedergabe von Blues von Billie Holiday, sprach von der seltenen Toleranz im Bereich der Musik und zitierte dazu Bergengruens Definition des Spiessbürgers als eines Wesens, das gern ein Ärgernis nehme. Er sagte, es gebe keine bessere Übung in der Toleranz, als die Musik der andern zu hören. Dann folgten, in Erinnerung an ein Zusammentreffen mit Jörg Steiner in einem Wirtshaus, der Musikbox-Schlager «Santa Maria» – er verstehe eben die Liebe zu deutschen Schlagern –, dann Autobiographisches, das Beethoven-Streichquartett Op.132, Appenzeller Streichmusik, das Bekenntnis, Schubert sei für ihn Musik des Widerstandes, sein Lieblingssänger sei Tom Waits, die Erinnerungen an Kirchenlieder und Bemerkungen über die eigene Religiosität. Zum Schluss ein Beispiel leichter, übermütiger Musik.

Auf die Sendung reagierten mehrere Dutzend Hörer, meist brieflich. Bichsel reagierte mit einem Rundschreiben.[20] Mannigfaltiger und weniger autobiographischer Natur waren und sind die ganz in Mundart gesprochenen Sendungen *Zytlupe* der Jahre 1983–97 im Studio Bern des Schweizerischen Landessenders. Bestimmt vermochten nicht alle Beiträge zu überzeugen. Wer hätte auch die Aufgabe, die grossen Probleme der menschlichen Gesellschaft knapp und doch im Zeitlupenstil, unprovinziell und doch in Mundart[21] abzuhandeln, Ende des 20. Jahrhunderts bewältigen können! In der Epoche Johann Peter Hebels war dies – schon wegen des besinnlicheren Kalenderstils – noch eher möglich gewesen.

Bichsels Themen waren unter anderem: Sicherheitsgefühl, Mut und Angst vor Katastrophen, Sektenwesen und überhaupt Glaubensfragen, Nekrologe, Gefängnisse, Wirtschaftswachstum, Lottobetrieb, Alt und Jung und Härte und Weichheit im Umgang mit den anderen. Verschiedene Hörerstimmen wirkten am Anfang bissig-ablehnend. Sogar zur Entgegnung auf Korpskommandant Feldmanns öffentliches Plädoyer für mehr Härte und Genügsamkeit im Schweizervolk war der Beifall für den Verteidiger der weichen Schweizer beachtlich. Im *Blick* (7. Februar 1983) wurde die kleine Kontroverse natürlich hochgespielt. Von den Hörerstimmen möchte ich kuriositätshalber lediglich die eine zitieren: die einer Hörerin, die schrieb, sie habe beim Heimfahren im Auto Bichsels «schöne, warme Stimme» vernommen, «die einem die Seele streichelt».

Bichsel selber scheut sich, von Seele, Vergänglichkeit und Ewigem zu sprechen oder zu schreiben. In einem Nachruf auf ein altes, geliebtes Solothurner Museum hat er es allerdings 1979 im Hinblick auf die Vergänglichkeit indirekt getan. Nach Erinnerungen an seine Museumsbesuche als Kind und an das «Old Settlers» Museum von Dunedin in Neuseeland schreibt er: «‹Das gehört ins Museum› ist selten als Kompliment gedacht. Museum ist ein Prinzip, das wir nicht wollen – das selbst wird, so wie Tod selbst wird.»

II. GESCHICHTEN FÜR KINDER UND ERWACHSENE

Ein relativ unbekannter Schweizer Erzähler, Franz Fassbind[22], hat einmal in einem Roman die Situation einer Hauptfigur durch die besonderen Voraussetzungen ihrer Umwelt zu erklären versucht: In Russland wäre wohl eine Zigeunerin aus ihr geworden, in Frankreich eine Dirne, in dem kleinen Land der Schweiz aber seien die Startbahnen ins Ziel- und Uferlose zu klein. Das war 1948, als Bichsel schon einigermassen entschlossen war, Schriftsteller zu werden. Für ihn erwies sich die Startbahn in einem ganz anderen Sinn als kurz.

Kurze Startbahn?
Er hat sehr früh mit Versen experimentiert, konnte aber weniges davon publizieren; Anfang der 60er Jahre geriet er dann plötzlich durch die paar Geschichten *Eigentlich möchte Frau Blum den Milchmann kennenlernen* ins Rampenlicht der Öffentlichkeit[23]. Die Vorbereitung für diesen aufsehenerregenden Erfolg war länger, als im allgemeinen bekannt ist.

Am Ende seiner Seminarzeit wurden ihm durch Freunde und einen verständnisvollen Lehrer die Augen für moderne Kunst geöffnet, und er fand das Neue wichtig. Die erste Veröffentlichung in der avantgardistischen Zeitschrift «spirale» (1955) war noch ein lustiges Spiel mit Lauten:

> *tu tintun siano*
> *it katan con lieu*
> *si blib turum tamo*
> *et vedan kateu*
> *liam karatumbo!*

und so fort, im Stile nicht Morgensterns, sondern eher Gomringers (der in der *spiral press* seinen viersprachigen Gedichtband *konstellationen* veröffentlichte und neben Wyss als Herausgeber zeichnete) oder der Nonsense-Literatur. In einer Besprechung der *Neuen Zürcher Zeitung* vom 27. Oktober 1955

(Nr. 2871) wird nach anerkennenden Worten über die avantgardistischen Ziele der Zeitschrift im allgemeinen und Arbeiten von Bill, Lohse und anderen Modernen im besonderen abschliessend Bichsels Name, wohl zum erstenmal in der Öffentlichkeit, hervorgehoben: «E. Gomringer fordert auf drei Seiten abermals die neue Dichtung: das neue Gedicht soll ‹seh- und gebrauchsgegenstand› sein. Seinen Wortkonstruktionen wird man wohl das anspruchslosere – vielleicht deshalb qualitätsvollere? – Klanggedicht eines P. Bichsel vorziehen.»

Bichsel las damals gern die schwierigsten Texte, setzte sich mit dem Dadaismus auseinander und erkannte zum Beispiel Kurt Schwitters als exemplarischen Fall der modernen Kunst. Weitere Gedichte wurden 1957 im Privatdruck *das ende der stadt* publiziert. Hier wenige Verse vom Anfang und vom Schluss:

> *sonne sonne licht*
>
> *die stadt ist ins licht geboren*
> *ins licht*
> *die stadt in das licht*
> *in das licht das beschmutzt*
> *in das licht das tötet*
> *in das licht das leben gibt [...]*
>
> *und schatten kleben*
> *in den gelben mauern*
> *und tränen sind zu staub erstarrt*
> *und werden dir gestohlen*
> *von der sonne*
>
> *fall hin*
> *der sonne preisgegeben*

Ein Jahr darauf veröffentlichte Max Bense in seiner Zeitschrift *augenblicke* die beiden Texte *dimanche triste oder zur grossen ehre gottes* und *ankunft*, Verse der Hoffnungslosigkeit und der Angst. 1960 erschienen, wiederum als Privatdruck, die *Versuche über Gino*, gefühlsbetonte Prosaimpressionen über einen

Die Familie 1971: Peter, Therese, Christa, Matthias

Anlässlich Jörg Steiners 40. Geburtstag:
Therese B., Jörg Steiner, Frisch, Peter B., 1970 im Jura

netten Vagabunden in Solothurn und die Reaktionen der Kleinbürger auf den interessanten Aussenseiter. Unverwechselbar aber wirken erst die Gedichte über Kinder- und Möglichkeitsspiele in der Zeitschrift *hortulus* 1962.

wir wären die Kinder
und du wärst die Mutter
sprechen die Kinder
zur Mutter

und spielen Wirklichkeit

sie bitten mich
Schreibmaschine zu spielen
damit sie mich hören
vor dem Einschlafen

ob sie wohl hören
dass mir kein richtiges Lied gelingt

Dann folgen Verse über Strassengeräusche, Langeweile, Stadtimpressionen.

Im selben Jahr konnte in der später verschwundenen Zürcher Tageszeitung *Die Tat* auf der Magazin- und Frauenseite, die von Erwin Jaeckle und Claire Scheuter redigiert wurde, die Skizzen *Musikdosen* und *Der Milchmann* gedruckt werden, ein Jahr darauf ebenda *In seinem Gedächtnis*, ein Text, der dann abgewandelt in den Kindergeschichten auftauchte. Im Brief vom 20. September 1962 schrieb Bichsel an die Redaktion, die kurze Prosa sei irgendwie aus seiner Lyrik herausgewachsen; «ein eigentlicher Übergang wurde mir nicht bewusst».

Die durch Otto F. Walter vermittelte Einladung Walter Höllerers, 1963 mit einigen anderen jungen Schriftstellern am Literarischen Colloquium in Berlin teilzunehmen, bot eine willkommene Chance, mehr zu lernen. Der Kanton gewährte dem Lehrer ein halbes Jahr Urlaub. Die Produkte der gemeinsamen Schreibübungen in Berlin wurden später unter dem Titel *Prosaschreiben* (1964) und *Das Gästehaus* (1965) publiziert.

Bichsels Beitrag zum Thema «Stadtrundfahrt» der ersten Sitzungen wurde in der Diskussion von Günter Grass gegen die Vorwürfe einiger Teilnehmer verteidigt: Die Geschichte sei «in ihrer Sanftheit» trotz weniger Stellen überflüssiger Bravheit «sehr gut». In der Variation zum *Grünen Heinrich* wurde in der Diskussion unter anderem Bichsels Vorliebe für ‹und›-Anfänge beobachtet; einer sagte allerdings, «eine solche penetrante Bescheidenheit» sei «unverschämt». Walter Höllerer[24] bezeichnete ihn Otto F. Walter gegenüber als «die eindeutig stärkste Begabung» unter den «Schülern». (Er hatte ja seinerzeit Walter, auf Grund des Vertrauens, das er dem Verlag entgegenbrachte, Vollmacht gegeben, den Autor nach Berlin zu empfehlen, der ihm am geeignetsten schien.)

Hermann Burger schliesslich – um wieder auf das heute eher Kontrollierbare zurückzukommen – registriert im Kapitel über die Milchmanngeschichten seiner Habilitationsschrift (Teildruck 1983) weitere Reaktionen der deutschen Kollegen und legt den Zusammenhang dieser mit den später publizierten Texten dar. Bichsel selbst äussert sich im kurzen Bericht *Wie es war* von *Prosaschreiben* über Nutzen und Irrelevanz solcher literarischen Übungen.

Im *Gästehaus* wandelte er mit dem ersten Kapitel «Abfahrt und mehrmalige Ankunft des Kellners Otto Büttiker, der kommt, geht, ohne zu einer Geschichte zu kommen» auf heitere Art das im weiter oben erwähnten Gedicht aufgegriffene Thema Ankunft ab. Der Leser hat sein Vergnügen an der Unsicherheit des schüchternen Eidgenossen, der hie und da stottert, sich seiner schmutzigen Fingernägel schämt und der nie weiss, ob er Diener oder Gast sei. Die Anklänge an die Prosa Robert Walsers sind schwach, das Spiel mit dem Autobiographischen ganz versteckt. Büttiker stammt wie Bichsel aus Luzern, allerdings aus der Sonnenbergstrasse 18, nicht 21.[25]

Die Milchmanngeschichten
Der Aufenthalt in Berlin und die nicht hoch genug einzuschätzende Anteilnahme Otto F. Walters und damit des Verlags Walter bedeuteten für die Zukunft sicher viel. Ebenfalls

Werner Webers Ja zum Vorabdruck von fünf Beispielen aus den Milchmanngeschichten in der Sonntagsbeilage der «*Neuen Zürcher Zeitung*» Ende 1963. Der durchschlagende Erfolg des bisher praktisch Unbekannten wird damit aber doch nicht erklärt. Walters Hilfsbereitschaft und Einsatz sind durch seine Aktennotiz vom Juni 1963 (über verlegerische Probleme etc.), ausserdem durch den Briefwechsel zwischen Autor und Lektor in den Jahren 1963 bis 1965 dokumentiert – dort auch Bichsels Dankbarkeit für das kritische Gutachten Klaus Nonnemanns[26] (dessen 53 Porträts zur deutschen Literatur der Gegenwart 1963 im Walter-Verlag erschienen waren) – und durch die neuerdings veröffentlichte Skizze des Mentors «Wie ich Peter Bichsel kennenlernte»[27] zu ahnen. Nonnemann hatte in seinem Bericht von einer «wunderbaren Sammlung» geschrieben. Nur geborene Spötter konnten einwenden, es handle sich hier wieder einmal um ein hochgespieltes Produkt der Meinungsindustrie, wie es gerade Nathalie Sarraute in ihrem Roman *Les Fruits d'Or* karikiert habe.

Die zweite Hälfte unseres Jahrhunderts schuf besondere Voraussetzungen für die dichterische Produktion und die Bedürfnisse der Leser. Die Kunst Brechts, zugänglich einem breiten Publikum im Theater, wenigen in der Lyrik, hatte ganz neue Horizonte eröffnet; auf sie fiel nicht der geringste Verdacht des Provinziellen, und doch verkörperte sie trotz der Internationalität der Themen einen neuen Sinn für das Regionale. – Die Fronten zwischen Ost und West blieben auch nach dem Tode Stalins 1953 starr. 1961 brachte zwar die offizielle Entstalinisierung in Russland, zugleich aber den Mauerbau in Berlin. Mauern auch zwischen progressiven und konservativen Schriftstellern; der durch Staiger und Frisch entfachte Zürcher Literaturstreit 1966 veranschaulichte die Spannung. Wie passte zu dieser Ideologisierung des Literaturbetriebs – zu der sich, nebenbei bemerkt, Bichsel vor allem als Sprachkritiker äusserte – der Erfolg der Milchmanngeschichten, die weder mit Brecht, dem Neoklassizismus noch mit den von Staiger angegriffenen «Grobianen» etwas zu tun hatte?

Hatte man vielleicht vor lauter Nachholbedarf in Sachen Weltliteratur nach dem Zweiten Weltkrieg das, was deutsche Dichtungen seit jeher ausgezeichnet hatte, vergessen: den Wert des Unbestimmten, eine gewisse, von den Franzosen verachtete Verschwommenheit, das stilistisch Holprige, die Versponnenheit im Detail? Man hatte mit Autoren wie Sartre oder Hemingway wieder klar und unsentimental denken und schreiben gelernt; Wörter wie ‹Innigkeit›, ‹Gemüt›, ‹Häuslichkeit› standen jetzt nicht hoch im Kurs.

In Bichsels Büchlein steht die Umständlichkeit des Titels im Widerspruch zur Knappheit des Erzählstils. Die engen Verhältnisse einer kleinen Welt mit durchschnittlichen Bewohnern ohne interessante Lebensläufe und Charaktereigenschaften werden ohne Zurückschielen nach der guten alten Zeit dargestellt. Die Fassaden der Gebäulichkeiten wirken oft grossstädtisch, grau in grau. Alles hat den Charakter des Behelfsmässigen, der Kälte, eines Sprach- und Kartenhauses ohne jegliche Stabilität, wie Elsbeth Pulver in ihrem vorzüglichen Lexikon-Essay ausgeführt hat. Und doch kommt auch jener Leser auf seine Rechnung, der in den Grauzonen einen Rest von Zärtlichkeit ersehnt. In den Geschichten wird nicht geweint und geküsst; die ausgesparten Passagen ersetzen die Gesten der Zärtlichkeit. Nachempfundene Rilketöne sind selten.[28] Der Grossvater, der Dompteur werden wollte («Die Löwen»), besucht im Alter viele Beerdigungen, sitzt gerührt und unbeteiligt in der Kirchenbank und dreht den Hut in der Hand, «und als er starb, war er niemand mehr. Er war tot geworden.» Postboten und Milchmänner bringen Botschaften für die verschiedenen Menschen, die vereinsamt und traurig in irgendeinem Zimmer auf ein Zeichen der Aussenwelt warten. Zu erhoffen ist nicht viel, die kleinen Zeichen sind nicht mehr als Hoffnungsschimmer. Für einen Gefangenen allerdings, an den ein Gefängnisbeamter das Wort richtet, bedeuten sie sehr viel. Alltägliche Missverständnisse bestimmen diese Szenen, wie schon Monika Nejedlá in ihrer wichtigen Dissertation (1976, S. 51) gesagt hat.

Rührseligkeit, Geschichten aus der Zeit der Empfindsamen, Geschichten zur falschen Zeit? Ja und nein. Das Gefühl der Trostlosigkeit überwiegt. Die Beamten, so sehr sie wirkliche Menschen sein möchten, können nicht aus ihrer Haut, die Ehepaare finden kaum zur Spontaneität zurück; Herr Kurt in der Skizze «Das Kartenspiel» hat im Wirtshaus seinen Platz, «niemand weiss seit wann und weshalb». Nach seinem Tode wird keine grosse Lücke entstehen, und «später wird, weil es unvermeidlich ist, ein Spieler sagen, dass er Herrn Kurt vermisse. Aber das ist nicht wahr, das Spiel hat ganz bestimmte Regeln.» Man halte daneben Kurt Martis thematisch teilweise identischen, aber sprachlich ganz anders (diskursiv) angelegten *Bürgerlichen Geschichten* (1981).

Mitunter kapriziert sich Bichsel auf das Spiel mit den Möglichkeiten; die Gelegenheit, eine Geschichte «Der Tierfreund» zu schreiben, lässt er sich geflissentlich entgehen. Solche Kaprizen liebte Walser, auch das Spiel mit Gefühlsseligkeiten. Wie jede Variation eines grossen Vorbilds waren auch die Milchmanngeschichten ein Wagnis.

Das spätere Missbehagen des Autors[29] gegenüber dem Werk, das ihn berühmt gemacht hat, gegenüber dem «Geschlossenen» der Geschichten, was allenfalls auf die Art zutreffen mag, wie man sie nahm, niemals auf den Text selbst, könnte mit dem zusammenhängen, was Chesterton einmal einen «gediegenen» Konfektladen genannt hatte[30]; die sentimentalen Kurzgeschichten (‹the replete and solid sweet-stuffshops which are called sentimental novelettes›), sagte er, seien bei gewöhnlichen Literatur-Abnehmern stets populär. Konfekt will Bichsel niemals liefern; es würde, vor allem den Armen, den Magen verderben. Er wollte mit den Alltagsskizzen das darstellen, «was im allgemeinen niemand sieht, weil es alle jeden Tag sehen». So Hermann Villiger in der kurzen Charakterisierung seiner Literaturgeschichte für höhere Mittelschulen (1971).

Bichsel hat 1966 den Namen Blum in der Rede in Olten mit einem von ihm verehrten Fussballer dieses Namens in Zusammenhang gebracht; daneben darf sicher daran erinnert werden, dass Kurt Schwitters' Gedicht «Anna Blume» für ihn eines der zwei Lieblingsgedichte gewesen ist. Was das Motiv des Milchmanns betrifft, ist zwischen schöpferischem Impetus und literarischem Hintergrund zu unterscheiden. Bekannt ist die Äusserung gegenüber Bucher (1970), der Satz «Der Milchmann schrieb auf den Zettel» sei der Ausgangspunkt gewesen. Andererseits erzählt Bichsel im Artikel «Von der Buchmesse zurück» (1969) von seiner Freude an Scholem Alejchems Dichtung *Tewje der Milchmann*. Tewje ist allerdings für den Leser weit besser vorstellbar als der Milchmann in Bichsels Dichtung, ähnlich gut wie Joe Cowell jun. (in Thornton Wilders Dreiakter *«Unsere kleine Stadt»*), der nach dem kurzen Gespräch mit Dr. Gibbs in der kleinen Ortschaft Neuenglands seinen Karrengaul weitertreibt – ein Bild für all die Dinge, die im Leben vorüberziehen und dem Einzelnen doch wichtig sind.[31]

Beim Erfolg der Milchmanngeschichten hat der seit dem Ende des Zweiten Weltkrieges erwachende Sinn für Kurzgeschichten eine beträchtliche Rolle gespielt.[32] Man lernte auch in Deutschland die Knappheit der Darstellungen Hemingways schätzen und sah endlich ein, dass Johann Peter Hebel nicht ein verharmlosender schwäbischer Provinzler war, sondern ein Meister der Kurzform. Die genialisch-barocken, grosse Epik versprechenden Romane eines Günter Grass entsprachen nicht allen; man wünschte sich auch Zurückhaltung und sprachliche Scheu. Hemingways Eisberg-Metapher – die Würde des Eisbergs liege darin, dass nur ein Achtel über dem Wasser zu sehen sei – überzeugte viele.

Es scheint mir kein Zufall, dass in Manfred Durzaks sehr gelehrtem Vorwort zu dem von ihm herausgegebenen Sammelband *Die deutsche Kurzgeschichte der Gegenwart* (1980) kein Wort über Bichsel verloren wird, dagegen viele Gedanken über Voraussetzungen wie ‹Kahlschlag›, ‹Verdichtung› oder das ‹Tückische› der kurzen Form vorkommen. In der Theorie über die Kurzgeschichte können eben Formulierungshemmungen irrelevant scheinen. Solche stilistische Merkmale – Lückenhaftigkeit und Assoziieren – hat Hermann Burger in der erwähnten Studie überzeugend dem Konzentrationswillen der Short Story gegenübergestellt. Bichsel scheut sich, die kleinen Trauerspiele des Alltags ins klarste Licht zu rükken. Sogar Hausbackenheit besitzt einige Geheimisse.

Weitherum war man bei Erscheinen der Milchmanngeschichten überzeugt, am literarischen Himmel sei ein neuer Stern zu sehen. Schon nach den ersten vier Proben *(Pfingstrosen, Salvador, Herr Gigon, Roman)* während der Tagung der «Gruppe 47» in Sigtuna 1964 waren unter anderen Günter Grass und Walter Jens des Lobes voll. Marcel Reich-Ranicki sprach von einem «neuen und sogleich wichtigen Namen».[33] In allen möglichen Sprachen kamen bald Übersetzungen heraus. Otto F. Walter hat in seinem Verlagsbericht *Zum Thema Peter Bichsel* die Stationen dieses ersten Erfolgs registriert (Verkauf der teuren Erstausgabe innerhalb vier Wochen, Gespräche Unselds mit Gallimard, die Neuauflage von 6000 Exemplaren im Frühjahr 1966 nach vier Tagen vergriffen etc.: ein Erfolg «ohne Parallele»). Bemerkenswert scheint mir auch das verständnisvolle Eingehen französischer Kritiker auf Eigenarten von Bichsels Stil wie den Hang zum Spleenigen (Plumyene) oder seine Neigung, nicht eigentlich zu erzählen, sondern Vorschläge zum Erzählen zu geben (Tailleur: «histoires plus suggérées que racontées»).

Alltag und Märchenwelt – Die Jahreszeiten
Bichsels Geschichten enthalten eine Neigung zum Märchenhaften auch dann, wenn sie sich als das Gegenteil ausgeben. Für die Entwicklung der Weltliteratur, wenn man von einer solchen überhaupt reden darf – spielen Märchen eine geringe Rolle; sie sind Produkte der reinen Phantasie, existieren gleichsam abseits vom Zeitgeist und abseits vom Prozess historischer Entwicklungen; sie scheinen geschaffen für Zuhörer, welche die Ärgerlichkeiten des Alltags vergessen können. So oder ähnlich hat Bichsel mehrmals für Geschichten und gegen die Geschichte argumentiert. Der Gang der Geschichte wird ja nur allzu oft auf dem Schlachtfeld entschieden. Märchenfiguren – hilfsbedürftige Kinder, liebe oder böse Erwach-

sene – bewegen sich trotz aller Gefahren in einem erfundenen Raum leicht und scheinbar unbeschwert. Soziale, sexuelle, philosophische Probleme werden da nicht thematisiert.

Heute ist es schwer, neue Märchen zu schaffen. Darum vielleicht auch der Erfolg der Geschichten Tolkiens und Endes. Könige und Prinzessinnen werden in Illustrierten und im Fernsehen dargestellt, und schon kleine Kinder sind durch Sexualpädagogen belehrt worden, dass nur Dummköpfe an den Storch glauben. In Bichsels Œuvre gibt es keine Feen, dagegen zahlreiche für den Märchenstil charakteristische Typisierungen wie «Der Milchmann», «Die Tante», «Der alte Mann».

Die Jahreszeiten (1967) wurden beim Erscheinen durch Klappentexte und Prospekte als der neue, durch die «Gruppe 47» preisgekrönte «Roman» angezeigt. Abgesehen von Andeutungen des Autors wie am Anfang des Romans, das Bett im Schlafzimmer könnte sich plötzlich um 180 Grad drehen, spürt man nie etwas von der schönen Illusion, das Gesetz von Ursache und Wirkung gelte nicht überall. Es folgt ja gleich auf die erwähnte Andeutung die Feststellung: «Nach einigen Versuchen gelingt es nicht mehr, die Wirklichkeit zu verleugnen. Die Tatsache, dass das Zimmer im westlichen Teil der Wohnung liegt, die Tür rechts vom Liegenden und das Fenster zu seinen Füssen, ist wesentlich geworden.»

Mit dem spanischen Wasserkrug aus weissem Ton verhält es sich nicht viel anders. Die Konturen sind klar und beschreibbar, aber das ist nicht alles. Der Erzähler sagt einmal, besser für den Leser wäre hier das Märchen vom kleinen Mädchen, das seine sieben verschollenen Brüder suchen ging und ausser dem Ringlein nichts anderes mitnahm als einen Krug. Das wäre besser, aber in diesem Rahmen nicht möglich. In diesem Rahmen ist mit Kieninger[34] zu rechnen, einer alles andere als märchenhaften Figur, einem miesen Produkt der Kolportagewelt, die von Bichsel sehr bewusst in Gegensatz zur Alltagswelt gesetzt wird. Schon die früher beschriebene Vagabundengestalt «Gino» (1960) war ein Gegenbild zur Alltagswelt gewesen. In der Alltagswelt kommen und gehen die-

Jahreszeiten; ihnen kann man kein besonderes Interesse abgewinnen.

Einige Jahre nach dem Roman, im Frühjahr 1972, wurde vom Schweizer Radio das Hörspiel *Inhaltsangabe der Langeweile* gesendet. Eine männliche und eine weibliche Stimme, beide laut den Anweisungen zu Beginn «subjektiv» und «sentimental», sprechen, immer wieder von andern (einen Chor ersetzenden) Reden unterbrochen, von einer romantischen Begegnung am verfallenen Gemäuer eines früheren Schlosses am Fusse eines Berges von Biscaya – ähnlich vage Angaben und Bemerkungen wie diejenigen Kieningers über Tarragona. Das nicht leicht zugängliche Hörspiel hat meines Wissens bisher erst Monika Nejedlá (als eine fortwährende Anwesenheit des Kitsches, S. 122) einigermassen zu erklären versucht.[35]

Der «Roman» hat unter Literaturkundigen, weniger im breiten Publikum – er stand zwar im Oktober 1967 an zweiter Stelle der Bestsellerliste – viel Aufsehen erregt. Das Hörspiel ist heute fast vergessen. Allerdings war das Echo auf den Roman im In- und Ausland alles andere als einstimmig. Die Koryphäen unter den Kritikern reagierten mehrheitlich negativ. Marcel Reich-Ranicki empfand die Dichtung als Nachahmung von Frischs Gantenbeinroman und schrieb von einem läppischen und ermüdenden Versteckspiel. Günter Blöcker fand das Ganze unproportioniert und missraten. Bemerkenswert daher, wie verständnisvoll und positiv verschiedene fremde Kulturkreise reagierten. In England konnte ein Rezensent Bichsel in lobendem Sinn von der Imitationslust der übrigen deutschsprachigen Autoren abheben; Bichsel sei wirklich originell und weder preziös noch prätentiös (siehe Anhang). Aus Frankreich wäre noch eher Skepsis zu erwarten gewesen; aber gerade da sah man den Unterschied zum Muster des «Nouveau Roman» und sah mit Genugtuung, dass auf neue Weise Distanz zum Redefluss der Romanciers (Amette: de cet «effroyable diarrhée verbale») gewonnen werden konnte. Ebenso anerkennend sind die zahlreichen Reaktionen aus Polen. Sadurski zum Beispiel sieht die ausgesprochene Kindlichkeit des Spiels mit ‹Kieninger› (siehe Anhang).

Eine Person sucht einen Autor, könnte man in Erinnerung an Pirandellos Darstellung der Dichotomie Fiktion-Wirklichkeit denken. Oder geht es einfach um den Willen (trotz Lessings Theorie) wieder zu beschreiben? Die Anmerkungen Bichsels zu einem Buch des Norwegers Jan Erik Vold, seines vier Jahre jüngeren Übersetzers, lassen es vermuten.

In Volds Beobachtungen *Von Zimmer zu Zimmer*, das 1968 in der Übersetzung Walter Baumanns herauskam, finden sich stilistische Parallelen zu den *Jahreszeiten*. Zimmer, Tische, Fenster, Fensterausblicke, Wände werden in ihrer scheinbaren Selbständigkeit dem Leser vor Augen geführt. Sie sollen ihr eigenes Leben führen, und in den einzelnen Kapiteln ist trotz den Farben der Überschriften «Blau», «Gelb», «Rot» und «Grün» stets von blossen Raumverhältnissen die Rede. Vold steht wohl dem Nouveau Roman näher als Bichsel. Bichsel schreibt in seinem Nachwort zu Volds Text:

> *Was dabei vordergründig entsteht, sind Schreibübungen, Schüleraufsätze, Denkübungen auch. Gleich der erste Text ist eine solche Denkübung. Offensichtlich hatte Vold die Absicht, «so ein rotierendes Ventil» zu beschreiben. Er scheitert an der Bezeichnung (Wetterfahne oder Windhut) und kommt über dieses Problem (das sich für einen Zeichner nicht stellen würde) nicht hinaus. Das Problem interessiert aber im Grunde genommen weder ihn noch den Leser [...] es gehört zu seinem Wesen, dass man nicht weiss, welcher Begriff zutrifft.*
> *Volds Arbeiten erinnern mich an Texte von Henri Michaux, den ich verehre.*

Das, was Bichsel bei Vold eine Denkübung nennt, das Ringen um die richtige Bezeichnung, ist im Grunde auch in den meisten *Kindergeschichten* (1969) zu finden.

Kindergeschichten?
Die erste dieser Geschichten, *Die Erde ist rund*, erinnert in ihrem Titel an Gertrude Steins Kinderbuch *The World is round* (1939); sie geht von verschiedenen Beispielen des toten Wissens aus.[36] Man muss Briefe frankieren, man muss auf der

Strasse rechts fahren, der Mond kreist um die Erde. Unser Wissen, dass die Erde rund sei, ist auch tot. Das alles weiss der recht einsame Mann, von dem hier die Rede ist. «Er wusste: In der Sahara gibt es Sand. Er war zwar noch nie da, aber hatte gelesen darüber», und dann folgt der Satz, der im Manuskript noch, in weniger märchenhafter Form allerdings, zum Inhalt der Geschichte *«Amerika gibt es nicht»* übergeführt hatte: «... und er wusste auch, dass Kolumbus Amerika entdeckt hat, weil er daran glaubte, dass die Erde rund ist.»[37]

Der alte Mann ist mit dem übernommenen Wissen nicht zufrieden, und wie unverdorbene Kinder, die den Dingen auf die Spur kommen wollen, macht er mit der runden Erde die Probe aufs Exempel. Der grösste Gegensatz zu seiner kindlichen – oder kindischen? – Neugier ist wohl die Überraschung der manchmal altklugen Alice in Lewis Carrolls Kindergeschichte «Alice's Adventures in Wonderland» (1865), jenes Mädchens, das sich plötzlich bei seltsamen Tieren und anderen sonderbaren Wesen in einer lustig-verrückten Traumwelt findet. Der alte Mann taucht in keine Traumwelt ein; seine Ideen sind fixiert auf das Wissbare und seinen Versuch; er kann den Versuch allerdings nicht zu Ende führen, weil er mittlerweile 80 geworden ist.

Der «Mann mit dem Gedächtnis» andererseits weiss fast zu viel Details. Er liebt die Eisenbahnen, aber noch mehr den Fahrplan, weil man den auswendig lernen kann. Warum dann reisen? Das schiene ihm etwas Törichtes, und er schimpft und flucht über die, die seinen Überlegungen nicht folgen können. Diese Idée fixe isoliert ihn von den übrigen Menschen. Sein auf Details konzentrierter Wissensdurst ist enorm, der Drang, unbedingt «etwas zu wissen, was niemand weiss», in den Augen der andern phantastisch. Ist er krank, oder sind wir andern krank? Im Manuskript war die Frage schon gleich nach dem ersten Satz so beantwortet, wie sie dem Autor später nicht mehr gefiel: «Er war krank und konnte nicht arbeiten. Er war ein sehr schlechter Schüler gewesen, konnte kaum rechnen, und die Lehrer brachten ihm eigentlich nur das Lesen bei, schreiben konnte er nur mit vielen Fehlern, und er hatte eine zittrige Schrift.»

In der im Frühjahr 1963 publizierten Vorform *In seinem Gedächtnis* handelt es sich noch um einen Mann, der alle Geburtsdaten der Leute kannte. Er war ein Trottel. Hier wird erklärt, das ausserordentliche Erinnerungsvermögen eines solchen Mannes sei in diesem Falle nicht ungewöhnlich; man wisse, Idioten könnten Details überdurchschnittlich gut im Kopf behalten. Der Mann, der die Fahrpläne auswendig lernt, wird in der Vorform nur nebenbei erwähnt: länger verweilt der Verfasser bei den Gefühlen der Zuneigung zu diesem Menschen. Statt in Kanzleien registriert zu werden, möchte er viel lieber «in seinem Gedächtnis» sein.

Doch die Kanzleien sind stärker, ebenfalls die Konventionen der Sprache. Auch sie stellt Bichsel in Frage. Vor allem in der am meisten kommentierten, analysierten und gelobten Geschichte *Ein Tisch ist ein Tisch*. An einem schönen Frühlingstag hofft der alte Mann, der zu müde zum Lächeln ist, aber auch zu müde, um böse zu sein, jetzt werde sich vielleicht einmal alles ändern. Das geschieht nicht. Er entschliesst sich, weil kein anderer Ausweg bleibt, für sich ganz allein einmal die Wörter anders zu verwenden, als es üblich ist. Die in Platos *Kratylos* diskutierte Frage, ob die Bezeichnungen der Dinge nicht etwa willkürlich seien, wird für ihn zum traurigen Spiel. Das Spiel mit den Wörtern, das Kinder zu belustigen vermag, bringt ihm keine Erleichterung.

In Hermann Burgers Aufsatz über semantische Aspekte der Kindergeschichten (1987) ist das Spiel mit den Wörtern aus anderen Gründen etwas Ernstes. Burger stützt sich unter anderem auf Ferdinand de Saussures Grundbegriffe ‹signifiant› und ‹signifié› und schreibt, der alte Mann versuche durch seine Wortspiele aus dem einen Gefängnis auszubrechen und finde sich in einem neuen Gefängnis, «eingeschlossen von Leuten, die Kauderwelsch reden» (S. 252). Auf der nächsten Seite lesen wir:

> *Damit ist eine existenzielle Grundproblematik des Dichters angesprochen, der ausgeht vom Bedürfnis nach Kommunikation und paradoxerweise mit seinem «Anders-Sagen» das Gegenteil erreicht: eine gestörte Verständigung.*

Mit Ausnahme des Amerikamärchens kommen in den sieben Geschichten keine Kinder vor, und das ist erstaunlich in einem Band mit dem Titel *Kindergeschichten*. Es handelt sich fast durchwegs um alte Männer. Sie sind müde, gelangweilt – und empfinden einen gewissen Überdruss an dem, was andere wissenswert finden. Einer hat ein allzu gutes Gedächtnis, einer meint, die Traurigkeit der Wiederkehr des ewig Gleichen in der Benennung der Gebrauchsgegenstände zu erkennen. Er möchte nicht einfach wissen, «was er hört – was die Leute sagen». Die Versuche, hier etwas zu ändern, neue Namen zu finden oder vor dem üblichen Wissen die Fenster zu schliessen, führen natürlich zu nichts.

Die Geschichten enthalten eine ausserordentliche Spannung zwischen erstarrten und kindlichen Vorstellungen. Das Kind steht nie im Mittelpunkt wie etwa in Peter Handkes *Kindergeschichte* (1981), wo ein Erwachsener sein Glück durch sein Kind, seine Tochter, gewinnt, wenigstens für entscheidende Augenblicke. Seligkeit fühlt Handke «nie so nahe wie jetzt».

Konzentriert sich Bichsel in diesen Geschichten allzu sehr auf das Kind im Mann (überhaupt auf die Welt der Männer, in der nach einer weitverbreiteten Meinung Kindliches und Kindisches eher vorkommt als in der der Frauen)? Werden damit seine Darstellungen allzu einseitig trotz der Mischung von Albernheit und höherem Blödsinn? Einwände scheinen mir beachtenswert, besonders wenn wir den Ursprung des Ausdrucks «albern» ins Auge fassen.[38]

Gewöhnliche Kindergeschichten wirken sehr ernst. Weder explizit noch implizit wird darin die Wahrheit des Erzählten je angezweifelt. Gewöhnliche Kindergeschichten sind mit Märchen verwandt und enthalten wunderbare Einblicke in eine vergangene Welt. Davon schreibt der im In- und Ausland erfolgreiche Schweizer Kinderbuchautor Max Bolliger zum Beispiel in seinem Buch *Verwundbare Kindheit* (1957). Wir lesen in den einleitenden Versen von einem einsamen Menschen, dem das Licht noch einmal aus dem Innern zuflutet, damit es noch einmal «heimkehre» in das Land seiner Kindheit.

Der spielerische Umgang mit der Sprache,[39] wie sie in grossen, aber auch weniger wichtigen Dichtungen von den althochdeutschen Reimspielen bis Mörike und bis zu den dadaistischen Experimenten der jüngsten Vergangenheit vorkommt, passt nicht zum konventionellen Kinderbuch. Pinocchio soll trotz seinen schelmischen Narreteien von den Lesern ernst genommen werden.

In Grimms Märchen *Brüderchen und Schwesterchen* wird der Zuhörer wie die Betroffenen die böse Stiefmutter von ganzem Herzen hassen und Mitleid für die armen Kleinen haben. Die Freuden Heidis an der unverdorbenen Bergwelt in Johanna Spyris Buch, seine Liebe zu einfachen Menschen und zu seinen Tieren rührt immer noch Millionen von Zuhörern und Lesern, und kein Einwand, das sei Kitsch, wird die Menge davon abhalten, alles mitzuerleben.

Bichsels Werk ist von Sachwaltern der Jugendliteratur unter die Lupe genommen worden.[40] Sie haben sein Buch teils behutsam kritisiert, teils akzeptabel gefunden, teils auch gepriesen. Seine Vorlesungen im Kreise von Kindern scheinen durchwegs von Erfolg gekrönt gewesen zu sein. Wir kennen einige schriftliche Zeugnisse von Kleinen: Die elfjährige Donate denkt, die Geschichten seien nicht spannend, aber fesselnd. In der Unterhaltung von Nikolai und Rolf Michaelis, die in der *FAZ* gedruckt wurde, ist die Quintessenz, das Ganze sei einfach ‹doll›.

Vielleicht ist ihm etwas von dem gelungen, was er sich selber als erstes Leseerlebnis gewünscht hatte. Stattdessen war ihm ein typisches Kinderbuch aufgezwungen worden. Kochs Malerhandbuch und das Konversationslexikon sagten ihm mehr zu, weil, wie er rückblickend sagt, dort der Leser ernst genommen werde. Darüber äussert er sich im meines Wissens unveröffentlichten Aufsatz *Kinderbücher* (wohl 1980) und in den Poetikvorlesungen (*Der Leser*, S.35, 64). Im Aufsatz lesen wir unter anderem: «Oft legten sie [seine Tanten] es anscheinend sogar darauf an, mich zu beleidigen, denn sie schenkten mir Bücher, die nach ihrer Meinung der Welt des Kindes entsprechen. In dieser Welt lebte ich aber so wenig wie alle andern Kinder; die Welt des Kindes ist eine anmassende Vorstellung der Erwachsenen; sie meinen damit die Welt des Niedlichen, des Harmlosen, des Ungefährlichen; was mich interessierte, war nicht die Welt des Kindes, sondern ganz einfach die Welt. [...] Es kann sich also nicht darum handeln, dass sich Erwachsene bei Kindern einzuschmeicheln versuchen und ihnen eine Scheinkinderwelt vorgaukeln, die von Kindern gar nicht gewünscht, sondern ihnen nur aufgedrängt wird. Die plumpe Niedlichkeit, die den Kindern von naiven Erwachsenen angeboten wird, zeigt sich bei einem grossen Teil von Kinderbüchern bereits in der Wahl der Personen, da wimmelt es von Mäuschen und Bärchen [...]»

Bichsels Unmut richtet sich gegen solche Verniedlichungen, vor allem weil es eben auch gute Kinderbücher gebe wie die von Ungerer und Ionesco.

Ausser mit Ionesco hat man ihn natürlich mit Johann Peter Hebel und Robert Walser verglichen. Auch mit Henri Michaux, das sei wiederholt, und mit Gertrude Stein, jener Dichterin, in deren Salon sich die Grössten ihrer Zeit versammelten. Gertrude Steins sehr bewusste Darstellung naiver, einfacher Leute wie der der guten Anna in Three Lives» rechtfertigen vielleicht einen Vergleich mit Bichsel.

Der französische Rezensent Tailleur findet, allgemein gesehen, dass Bichsel in seinen Kindergeschichten von ausgesprochen sozialen Strukturen ausgehe. In solchen Geschichten lasse sich die Veränderbarkeit der Welt einleuchtender zeigen als in denen für Erwachsene. Die Kinder lernten, ehe sie Gefangene des konventionellen Sprachgebrauchs, der ‹langage› seien, mit *ihren* Wörtern die Welt zu beherrschen. Die Gattung Kindergeschichte habe darum eine eminent soziale Bedeutung (siehe Anhang). In vergleichbarer Weise interpretiert Otto F. Walter 1985 das Werk von der Frage Gorkis nach der sozialen Relevanz der Poesie aus. Zusammenfassend: einhelliges Lob in Ost und West (nur in der DDR eine gewisse Zurückhaltung). Darum seien hier wenige selten zitierte Stimmen vermerkt. Heinz Jürgen Kliewer weist auf die Verwandtschaft mit *Kratylos* hin und bestreitet eine solche mit der Nonsense-Literatur. Werner Psaar erörtert überzeugend den Spielcharakter der Tisch- und Jodok-Geschichten, erklärt, warum sich auch ein Kind sehr angesprochen fühlen könne – es habe eine «Zuneigung über die Trennwand der Generationen hinweg» (S.61) –, und macht seine einleuchtenden Vorschläge für die Anwendung im Unterricht mit Viertklässlern. Jean-Louis Rambures empfindet die Geschichten gewissermassen als Parodie von Descartes' methodischen Gedankengängen mit der dort dargestellten Dialektik Zweifel-Gewissheit, Luc Weibel betont, Bichsel beuge sich nicht wie die meisten andern Kindergeschichtenschreiber jovial über die Kleinen, sondern schreibe mit ihnen.[42]

Die späteren Sammelbände fiktiver Prosa Der Busant *und* Zur Stadt Paris
Neben der üblichen Definition von Fiktion als Erdichtung, Erfindung, Annahme, Unterstellung gibt es auch die für die Wissenschaft gültige, nämlich die Fiktion sei eine bewusst gemachte, sich widersprechende oder falsche Annahme als methodisches Hilfsmittel. Die häufig wiederkehrende Behauptung Peter Bichsels in den Geschichtensammlungen *Der Busant* (1985) und *Zur Stadt Paris* (1993), das seien nun keine Geschichten, erinnert oft an die zweite Definition.

Der Busant. Von Trinkern, Polizisten und der schönen Magelone enthält acht Texte, deren Vorformen zum Teil schon Anfang der 70er Jahre erschienen sind. Man war auf das Buch gespannt, denn viele Jahre hatte sich Bichsel nur noch politisch und journalistisch geäussert. Freude und Enttäuschung anlässlich der Publikation hielten sich ungefähr die Waage. Die erste Geschichte *Der Busant. Eine solothurnische Operette* handelt von der Unwirklichkeit der ehemaligen Ambassadorenstadt Solothurn. Die Kulisse eignet sich für die Liebe Uelis zur Trinkerin Mage Lehmann besser als für die Machenschaften des Geldrealisten Busant; er ist der Feind der Liebenden wie der Raubvogel im Märchen von der schönen Magelone und dem treuen Peter aus der Provence. In der folgenden Geschichte wird berichtet, wie der Autor den Namen Salomon Albert

Meier erfindet. Sogar in einem solchen Trick kann nach der Meinung des Verfassers etwas Schöpferisches liegen. Die Erzählung *Eisenbahnfahren* exemplifiziert die Fiktion des Erfindens durch die Figur von «Müller» anschaulicher. Hat der Erzähler überhaupt etwas mit «Müller» zu tun? Er, der Erzähler, kann ja ruhig nach Haus gehen und sich trotzdem vorstellen, wie Müller im Eisenbahnabteil seinem Gegenüber Wörter zuspielt – oder wie er vom armen schwachsinnigen Gegenüber plötzlich Stilblüten hört («Hei, was für ein munteres Treiben auf dem Bahnhof, da klappert und rappert es»). Das mag eine Reminiszenz Bichsels sein. 1948 begann er einen Aufsatz mit den Worten: «Mit zwei dröhnenden Pfiffen, die das Zeichen zum Bremslösen sind, fährt die Spanischbrötlibahn langsam ab. Wir [...] staunen die Lokomotive an, die schnaufend und schwitzend die farbenprächtigen Wagen mit ihren jauchzenden Passagieren zieht».

Robinson stellt das Warten in extremer Kürze dar, in der längsten Erzählung *Warten in Baden-Baden* ist die Darstellung fast romanhaft. Die miese Atmosphäre eines Hotels in Bergen-Enkheim, seine Leere und Langeweile verleiten im zweiten Text zwei Schweizer zum Trinken und zu hirnwütigem Phantasieren über das Alter und das Bedürfnis zu altern – über das Warten *auf* Baden-Baden, das heisst gleichsam auf einen sehnsuchtslosen Zustand in Zimmern voller Topfpflanzen und in der Umgebung von Kurgästen, für die (in Baden-Baden) alles zu Ende geht.

Der Verfasser gerät in diesem Buch einige Male an seine selbstgewählten und darum künstlichen Grenzen.[43] Ähnliches trifft auch für *Zur Stadt Paris* zu. Über das im Emmentaler Dorf Langnau populäre Kaufhaus «Zur Stadt Paris» hätte es an sich vielerlei zu erzählen gegeben. Als Knabe sah oder besuchte Bichsel den pittoresken Laden mehrmals in Begleitung seines Grossvaters Bieri aus Huttwil, und in Langnau lebte Peters Patin. Von solchen Erinnerungen bleibt im Buch nur das Relikt «Sehnsucht»: «In Langnau im Emmental gab es ein Warenhaus. Das hiess «Zur Stadt Paris.» Ob das eine Geschichte ist?». Die Sätze tauchen schon als Motto zum ganzen

Band auf. Neben den in ihrer Kürze raffinierten oder durch die Kunst des Verschweigens arroganten Stücken – Bichsel selbst hat Verschweigen einmal als arrogant bezeichnet – gibt es Erfahrungen wie zum Beispiel die von Erwin, in der eindrücklich von einem armen Kerl erzählt wird. Mit dem bezeichnenden Zusatz am Schluss allerdings, das sei keine Geschichte, und es werde auch nie eine werden. Oder es gibt jene in ihrer Traurigkeit erschütternden Schilderungen von Weihnachtstagen, die überhaupt nichts mit Weihnachtsstimmung zu tun haben. Geschichten, wird in den Werken der letzten Jahre oft behauptet, gibt es nur von Erfolgreichen. Die Behauptung verrät Bichsels nagenden Zweifel am Sinn alles Literarischen. Zur Hauptsache ist ja in den jüngsten und den früheren Erzählungen stets von Erfolglosen die Rede, aber ein wenig Abwechslung in ihr abwechslungsarmes Leben bringen leider nur erfolgreiche Leute wie Kieninger oder der «Busant». Es ist darum vielleicht kein Zufall, dass die meines Erachtens beste (mit der «Stadt Paris» zusammenhängende) Erzählung Bichsels Rede zu Unselds 70. Geburtstag ist. Da wird erzählt, wie und womit der berühmte Verleger sich auf einer Fahrt in der Transsibirischen Eisenbahn bei der Entstehung des Buches *Zur Stadt Paris* beteiligt hat.

Die offizielle (literarische) Rezeption ist nicht leicht zu charakterisieren. Der Band wurde von der Mehrzahl der Kritiker gelobt, ja enthusiastisch begrüsst; man witterte auch Tiefsinn beispielsweise in den fünf Zeilen *Abenteuer*. (Ein 47jähriger Mann stolpert am hellichten Tag in einer Stadt, weil er die Höhe des Gehsteigs nicht richtig einschätzt). Die zu drei Viertel leere Seite schien zum Nachdenken anzuspornen. Triftige Vorbehalte waren die Ausnahme.[44]

III. «PROPHET» ODER GENOSSE?

Für einen Nicht-Sozialdemokraten ist es schwierig, über die politischen Überzeugungen Bichsels und seine politische Bedeutung zu schreiben; ich zweifle aber, ob es für ein Parteimitglied viel leichter wäre.

Das Sprichwort vom Propheten im eigenen Land stimmt und stimmt nicht bei ihm. Man hat ihn, auch über die Parteigrenzen hinaus, trotz triftigen Einwänden recht gern im eigenen Land, schätzt ihn allerdings als Vertreter der Schweizer Literatur in den Weltstädten wohl noch ein bisschen mehr. Die Wertungen sind oft durch Äusserlichkeiten bestimmt oder sonstwie anfechtbar. Ist er wirklich der ‹praeceptor patriae› geworden, für den ihn Heinz Schafroth im Nachwort zur Sammlung *Stockwerke* hält? Vorläufig scheinen mir Sympathien und Antipathien ihm gegenüber zu heftig zu sein, als dass seine historisch-politische Stellung richtig beurteilt werden könnte. Bald zieht er durch sein Auftreten an, bald stösst er ab; wichtig für die Sympathiekundgebungen sind sicher seine Stimme und seine sprichwörtliche Bescheidenheit.

Bei Charakterisierungsversuchen wird man eher an einen aufgeschlossenen, geselligen und trinkfreudigen Dorfschullehrer denken als an einen Guru, wie es der Berichterstatter der *FAZ* während der Frankfurter Poetikvorlesungen getan hat. Bichsel lebt in Solothurn wie ein «gewöhnlicher» Mensch, geht gern unter die Leute oder ins Kino – von dort hat er gar die entscheidenden politischen Überzeugungen her[45] – , besucht Jazzfestivals wie das von Willisau, dem Dorf im Luzernischen, das durch diese Veranstaltungen weltbekannt geworden ist, und trifft sich mit Krethi und Plethi in den Beizen. In Wirtshäusern kann er Geschichten hören, im Kino sich mit andern im Dunkeln verkriechen.

Kino, Jazz und Wirtshäuser – Solothurn
Eine Kinovorstellung ist keine Sache für Auserwählte, sie gleicht, gesellschaftlich betrachtet, eher einer Fussballveranstaltung als einem Abonnementskonzert oder der Oper. Bich-

sel, dessen Frau als Schauspielerin auch mit der Fernsehwelt vertraut ist, scheint an diesem Medium in ähnlicher Weise interessiert zu sein wie an Jazz-Festivals. In zahlreichen Glossen hat er von seiner Begeisterung fur Billie Holiday, Lester Young, Tom Waits, die Beatles und andere Stars berichtet. Ich denke da an die beinahe einstündige Sendung «Die Lyrik des John Lennon» am Schweizer Radio (1968). Zum Gedenken an den 20. Todestag der Sängerin Billie Holiday hat er 1979 einen geradezu hymnischen Beitrag geschrieben, unter anderem mit der Bemerkung, Jazz sei eine «Behauptung», zu Jazz entscheide man sich oder eben nicht. Wichtig bei diesen Bekenntnissen ist darüber hinaus das Gefühl der Zusammengehörigkeit – oder das Element des Eschatologischen im Jazz, ja des Sozialrevolutionären, wie es zum Beispiel Kurt Marti,[46] in kritischer Distanz zu Adorno, in einem Essay 1965 diskutiert hat.

In der Laudatio für Niklaus Troxler, der für seine Unterstützung des Willisauer Jazz-Festivals 1982 den Innerschweizer Kulturpreis erhielt, hat sich Bichsel in dieser Beziehung allgemeiner geäussert. Die Laudatio trug den Titel *Zusammensein – das ist Kultur*. «Jazz ist nicht amerikanische Musik», sagte Bichsel, «ist nie nationale Musik. Jazz war in seinem Ursprung – und er ist es vielenorts noch heute – die Musik der Heimatlosen. Es war nicht die Musik der Amerikaner, sondern die Musik jener, die nicht Amerikaner sein durften, die nicht am Wunder Amerika teilhaben durften. [...] Jazz ist für die Unterdrückten die fast einzige Möglichkeit der Emanzipation, Musik der Befreiung und des Widerstands. Das unterscheidet den Jazz im Prinzip wohl noch nicht von der Herkunft unserer schweizerischen ländlichen Musik – auch sie war den Machthabern ein Greuel und den Bauern eine Möglichkeit, sich gegen die Herren in der Stadt zu solidarisieren.»

Musik in Konzertsälen, Opernhäusern und Kirchen besitzt für ihn selbstverständlich eine ganz andere gesellschaftliche Bedeutung. Der Unterricht im Geigenspiel war für den Knaben zwar eine Qual; die Klassiker aber blieben ihm stets wichtig. Im «Prominenten Mikrophon» (1981) hat er erzählt, wie wichtig ihm Kammermusik und die Romantiker seien. Schubert besitze für ihn die Nebenbedeutung eines (sanften) Aufrufs zum Widerstand; die *Unvollendete* habe er sich, wenn er in der Rekrutenschule besonders laut angebrüllt worden sei, zur inneren Abwehr in Erinnerung rufen können.

Eine vergleichbare Abwehrhaltung konnte man 1990 in St. Gallen auch während seiner vom Fernsehen übertragenen Laienpredigt *Möchten Sie Mozart gewesen sein?* spüren. Bichsel, der im In- und Ausland angesehene, gelobte oder gescholtene Medienmann, politischer «Protestant» und zugleich Prophet eines stilleren Lebens, fühlte sich offensichtlich auf der Kanzel der protestantischen St. Laurenzenkirche nahe der Kathedrale nicht ganz wohl. Nach vagen Anspielungen auf unkonventionelle Kunst und die Tragik mancher Künstler folgten Hinweise auf sein Ringen mit Gott, beziehungsweise die betreffenden Empfindungen. Die Hinweise lauteten, er habe, vielleicht ähnlich wie Mozart, seine liebe Mühe mit dem Phänomen Heiligkeit. Als Gott wünsche er sich einen Gott, der mit ihm, dem Zweifelnden, lachen und weinen könnte.

Doch zurück zu seinen Beizen. Um solche Einrichtungen zu würdigen, müsste ein Exkurs über schweizerische «Wirtschaftskunde» eingerückt werden, wobei die schweizerischen Gaststätten säuberlich von einem französischen Bistro, einem englischen Pub, einer österreichischen Beisl, einer MacDonald-Einrichtung und einem deutschen Stammlokal unterschieden werden müssten. Für die Lebendigkeit und für die Entwicklung der Schweizer Demokratie haben Zusammenkünfte in Wirtshäusern seit jeher eine eminente Rolle gespielt – auch für ihren wichtigsten literarischen Zeugen Gottfried Keller; dessen Erzählungen wären ohne seine Wirtshauserfahrungen kaum so volkstümlich ausgefallen. In einigen Landkantonen gibt es immer noch die «Lesegesellschaften», in denen neue Gesetze im Gasthaus diskutiert werden. Hier manifestiert sich der «bürgerliche Teil» Bichsels; er ist ihm selber bewusst. In der Antwort des Fragebogens im Band *Der Schriftsteller in unserer Zeit* (1972) sagt Bichsel: «Im ganz Persönlichen [...] bin ich bürgerlicher als im Schreiben.[47]»

Seine eher unbürgerliche Seite manifestiert sich zum Teil in den Reden bei Vernissagen für bekannte oder seinerzeit unbekannte Künstler wie Schang Hutter, Bernhard Luginbühl (1977), Kurt Laurenz Metzler (1976, 1983), Erica und Gian Pedretti (1976), die Photographin Claudia Leuenberger (1980) und andere.

In den *Geschichten* gibt es interessante Beobachtungen über die Beizen-Philosophie der Gewerbler. Im Interview des *Sonntagsblicks* (1981) bekennt Bichsel, pro Woche etwa zehn Stunden im Wirtshaus zu verbringen, und in einem Gespräch mit Beat Hugi hat er sich 1982 lang und breit über die Wartsaal-Atmosphäre dieser Zufluchtsorte für Verkommene geäussert – ausserdem über Bahnhofbuffets im speziellen, über die ihm willkommene Möglichkeit, sich in Wirtshäusern zu langweilen, über die vorherrschende Männerbündelei, und in seiner *Weltwoche*-Glosse Ende 1983 hat er die Stammtische als die idealen Orte für die Besserwisser hingestellt, wo er sich als Besserwisser natürlich recht wohl fühle.

Die Kulisse für die meisten seiner Wirtshausgeschichten ist Solothurn, das heisst in Bichsels poetischer Vorstellung die Domäne des Herrn «Busant», der die Stadt leider noch schmucker gestalten möchte.

Was charakterisiert diese Ortschaft? Wenn Bichsel in der Glosse «Im Grunde genommen» der *Geschichten* über Altstadt-Ästhetik schreibt, denkt man unwillkürlich an Solothurn: «Bei der Erhaltung der Fassadenästhetik [...] wird in der Renovation beschlossen, dass jener Erker erst 1881 dazugekommen sei – also wegzufallen habe –, dass der Spitzbogen ursprünglich ein Rundbogen gewesen sei, also zurückgeführt werden müsse. [...]. Und letztlich sieht eine biedere Schweizer Stadt aus, als ob sie im Krieg total zerstört worden wäre und nach irgend einem alten Stich rekonstruiert.»

Bichsel schreibt wenig über die in der Stadt gastierenden oder angesiedelten, oft von Progressiven organisierten Unternehmungen wie die alternative Lebensgemeinschaft im «Kreuz» (sie ist von Rolf Niederhauser in Romanform dargestellt worden), über die Solothurner Lieteraturtage oder die

Filmtage seit 1965. Für diese hat sich Bichsel schon in den ersten Jahren eingesetzt. So wird der Titel *«Der Busant»: «Eine solothurnische Operette»* verständlich.

Die Stadt, in der Bichsel die wichtigste und längste Zeit seines Lebens zugebracht hat und immer noch zubringt, ist in den Augen der Fremden und der meisten Historiker ein Kleinod besonderer Prägung, die elegante «Ambassadorenstadt», ein wichtiges Bindeglied zwischen Welsch und Deutsch. Das Wahrzeichen ist der weisse Prachtsbau der St.-Ursen-Kathedrale mit ihrer grosszügigen Freitreppe. Dies die Hauptstadt. Daneben gibt es am anderen Ende des Kantons den in einer ganz anderen Weise wichtigen Eisenbahnknotenpunkt Olten,[48] von wo aus einst eine für die Schweiz sehr wichtige Bewegung gegen die Vorherrschaft der Aristokratie in den Städten ausgegangen war. Sie hiess das «Oltener Regiment». Heute denkt man eher an die «Gruppe Olten», die Schar jener bedeutenden, im allgemeinen linksgerichteten Schweizer Schriftsteller, die sich 1970, erbost über das Zivildienstbüchlein, an dem Maurice Zermatten mitgewirkt hatte, vom altmodischen Schriftstellerverein getrennt hatte. Bichsel war seinerzeit massgebend an der Sezession beteiligt gewesen, heute sieht er die kleine Revolution mit mehr Distanz. An das Gebiet der Region Solothurn denkt er, wenn er an die Schweiz denkt, heisst es im Essay *Des Schweizers Schweiz*.

Die im Kanton beheimateten oder mit ihm sonst eng verbundenen Schriftsteller wie Ernst Burren, Fritz Dinkelmann, Franz Hohler, Urs Jaeggi, Gerhard Meier und Otto F. Walter sind oder waren wichtige Elemente der Solothurner Literaturszene.

Er fühlt sich dort zu Hause, ohne dass die Landschaft ihm Heimat in dem Sinne wäre, wie frühere Dichter ihre Heimat einer faszinierenden Fremde gegenüberstellen konnten. Die Fremde ist zu nahe gerückt. Schon in den *Versuchen über Gino* hat er diese scheinbar heile Welt, hier noch sehr zögernd, in Frage gestellt. Im Aperçu «Wo wohnen wir?» der *Geschichten* berichtet er von seinen Eindrücken am Monatsmarkt in Solothurn. Er selber wird in einigen Tagen nach New York fliegen. Die Bauern, die am Monatsmarkt in der Stadt auftauchen, haben einen anderen Gang, sitzen etwas ruhiger, wirken etwas breitspuriger. Sie haben zwar die gleichen Apparate zu Hause und die gleichen Autos wie die Städter; doch vielleicht haben sie, denkt Bichsel, wirklich noch die Fähigkeit zu wohnen.

Seine Äusserungen über die Stadt zeugen von einer behutsameren Skepsis als die über die Schweiz. In den *Geschichten* schreibt er mit viel Einfühlungsgabe über die Fremden, die Solothurn romantisieren, als Idylle empfinden, als Ort der «Sehnsucht nach einer Welt, in der sich alles mit sich selbst identifiziert» (S. 41). Und nach der Rückkehr aus Bergen-Enkheim hat er in einem P.S. (18. Oktober 1982) zu erklären versucht, warum er nicht ohne weiteres sagen könne, er liebe Solothurn. Der Ausdruck «Ich liebe» habe den Charakter des Totalen, und Heimat sei doch etwas anderes als das Beste. Ausserdem hätten Kleinstädte etwas Schreckliches; sie bewiesen einem, besonders nach einer Heimkehr, die eigene Unveränderbarkeit.

Bundesrat Ritschard – Popularität
In einer nicht in die Gesammelten Werke aufgenommenen Glosse mit dem Titel «Popularität» der *Neuen Zürcher Zeitung* (22. November 1932) beschreibt Max Frisch das politische Renommee, den Erfolg eines von der Masse Gefeierten. Die Menge umjubelt den Popanz, ohne recht zu wissen, was er eigentlich geleistet hat. «Hinten sitzt Er, im Polster verkrochen, nickt und nickt wie eine mechanische Puppe.» Ich weiss nicht, an wen Frisch gedacht hat. An ein harmloses oder ein schon gefährliches Idol der Masse? Jedenfalls an eine Art Prominenz, die nichts mit wirklicher Popularität zu tun hat. Die Verwechslung ist bezeichnend für jene Jahre und wohl auch für Frisch, der bei seinen Landsleuten nie zu den beliebten Dichtern gezählt hat. Popularität gibt es auch heute noch, trotz der üblich gewordenen Abwertung des Begriffs.

Willi Ritschard (und mit ihm Bichsel in gewissen Kreisen) war populär. Die zahllosen Reaktionen auf Bichsels Radiosen-

Bundesrat Willi Ritschard (1981)

Lehrer Bichsel mit seiner Schulklasse in Zuchwil

Solothurn mit St. Ursen-Kathedrale

dungen und die zahlreichen Freunde im In- und Ausland beweisen es selbst für Bichsel. Wenn er in eines seiner Stammlokale kommt, weiss er, wohin sich zu setzen. Im schon einmal zitierten Gespräch mit Hugi (1982) hat er solche Formen des Zusammenseins kurz beschrieben: «Die Spielregeln in der Beiz sind sehr einfach. Die lernt man sehr schnell. Und sie werden unheimlich exakt eingehalten.» Der Bundesrat, mit dem der Dichter freundschaftlich verbunden war, war ein wirklicher Repräsentant des Volkes und fühlte sich mit ihm solidarisch.

Landesväter sind selbst in einer alten Demokratie selten. Allenfalls kennt man populäre, originelle Vollblutpolitiker in kleinerem Rahmen wie im Kanton Appenzell mit dem (im Innerrhodischen) für viele Jahre ungekrönten König Raymond Broger – Bichsel und seine Frau, die «Linken», wurden 1980 von Landammann Broger an die erzkonservative Landsgemeinde in Appenzell eingeladen –, auf Bundesebene kommen sie aber bestimmt nicht in jeder Generation vor. Der Berner Bauer Rudolf Minger war ein in allen Schichten beliebter (und wegen gewisser Kuriositäten freundlich belächelter) Magistrat gewesen; 1974–1983 war es der dem Arbeiterstand entstammende Willi Ritschard.

Er besuchte in Deitingen bei Solothurn die Primarschule, in Nachbargemeinden die Bezirksschule, absolvierte eine Lehre als Heizungsmonteur und arbeitete kurze Zeit in diesem Beruf. Seit 1943 war er Sekretär eines Arbeiterverbandes, Gemeinderat von Luterbach, 1947–1959 dessen Präsident, zwei Jahre später Kantonsrat, 1956–1963 Mitglied des Nationalrats; 1964 wurde er solothurnischer Regierungsrat, 1973 Bundesrat, dies obgleich seine Partei einen anderen Kandidaten vorgeschlagen hatte.

Sein Tod am 16. Oktober 1983 erschütterte das ganze Volk, und die offizielle Trauerfeier in der Kathedrale von Solothurn wurde zum nationalen Ereignis. Die Integrität und Originalität seiner Persönlichkeit vermochten weit über die Parteigrenzen hinaus zu beeindrucken. 1975 erschien unter dem Titel *Das Wort hat Herr Bundesrat Ritschard* bei Benteli eine

Sammlung einiger seiner volkstümlich-blumigen und doch treffenden Aussprüche, fast zehn Jahre später bei Ringier ein reich illustriertes Ritschard-Buch mit einem Essay von Bichsel. Ein Beispiel, das auch im *Nebelspalter* zu lesen war, aus der Zeit seiner Tätigkeit als Energieminister:

> *Ich kann Ihnen verbindlich zusichern, dass es mit der Energie nicht so schlimm wird, dass wir die Bretter vor den Stirnen verheizen müssen.*

Ferner:

> *Tränen, die man der Vergangenheit nachweint, können auch den Blick für die Zukunft trüben.*

Man hat über ihn gelacht und geweint. Wenn er als Würdenträger allzu hemdsärmlig auftrat, ärgerten sich nicht wenige. Witzblättern lieferte er reichlich Stoff, und es gab auch Wohlwollende, die ihm politische Grösse absprachen. Was kümmert das die Kleinen! Er war ein Mann, der sich nicht zu gut fand, Unbeholfenen und Notleidenden ausserhalb seines Amtes mit Rat und Tat beizustehen.

Bichsel spielt auf privaterer Basis eine ähnliche Rolle in der schweizerischen Gemeinschaft. Der Anfang seiner Karriere glich der des späteren Bundesrates: Detailarbeit in kleinem Kreis, Tätigkeit in Gemeindekommissionen, Opferbereitschaft im persönlichen Bereich, dann Wirkung über den kleinen Kreis hinaus. Wenige Dichter haben in einer bestimmten Zeitspanne wirklich konkrete politische Kleinarbeit geleistet; ich meine damit nicht, Unterschriften zu Manifesten zu geben. Gottfried Keller war eine der rühmlichen Ausnahmen gewesen. Natürlich fiel es Bichsel nicht immer leicht, all den politischen Kleinkram ernst zu nehmen, zum Beispiel Protokoll um Protokoll zu verfertigen. Als Primarlehrer war er für diese Aufgabe prädestiniert. Dass die Verpflichtungen zu Alpträumen werden konnten, spüren wir bei der Lektüre der Glosse «Der Aktuar» in den *Geschichten* («Nichts Geschriebenes macht mich so traurig wie Protokolle»).

In Zuchwil war er 1957–1968 Mitglied und Aktuar der Schulzahnpflegekommission, 1962–1965 Ersatzmitglied, von 1965-1968 Vollmitglied der Volksbibliothekskommission, in Bellach 1973–1977 Mitglied der Fürsorgekommission, 1977–1981 Ersatzmitglied der Planungskommission.

Spätestens scit 1983 kann man von einer eigentlichen Popularität Bichsels sprechen. Von den verschiedensten Gremien wurde er eingeladen, unter anderem vom Vorstand der Schweizer Journalisten, zu ihrem 100-Jahr-Jubiläum in Zürich die Festansprache zu halten. Der Nestbeschmutzer ist natürlich nicht ganz vergessen, aber die Zuneigung für den Prominenten, der Arbeitern und sogar einigen Unternehmern aus dem Herzen spricht, beginnt vorzuherrschen. Seine Stimme fasziniert bei Versammlungen und in Wohnstubengemeinden. Radiohörer, Leser kleiner oder grosser Presseorgane wie der *Weltwoche* oder bestimmter Gewerkschaftszeitungen, Stammgäste von Solothurner Gasthäusern beginnen ihn als Gewissen der Nation zu empfinden. (Bislang verfügte nur das Bürgertum über ein gleichsam journalistisches: die sakrosankte *Neue Zürcher Zeitung.*)

All die, die trotz Verschiedenheit in den politischen Ansichten den guten Mann von Luterbach, Ritschard, als Symbol einer sozial heilen Schweiz sehen (missverstehen?) konnten und wollten, das heisst Freisinnige, Konservative und Sozialdemokraten in Unisono, lassen jetzt den je nach Situation heftigen oder sanften Kritiker gelten. Als der Bundesrat Anfang 1982 nach Frankfurt fuhr, um die letzte Poetikvorlesung seines Freundes an der Universität anzuhören, schrieb Frank A. Meyer abschliessend im Bericht über die Reise des Magistraten, die Festivitäten in Frankfurt und das ganze Ambiente der Empfänge: «Eine Geschichte ist sie schon, diese Freundschaft zwischen dem Solothurner Bundesrat und dem Solothurner Dichter. Eine echte Bichsel-Geschichte, gerade zur richtigen Zeit ...» Bichsel war in Deutschland bezahlter Stadtschreiber gewesen, in Solothurn übt er das Amt sine officio aus.

Eine rührende Bestätigung für seine Popularität war die Sendung *Blumen an den Nelkenweg oder Wie beschreiben Menschen den Menschen Peter Bichsel* mit Beiträgen von Wirthausbesuchern, einem Pfarrer, einem Wirt, ehemaligen Schülern, Freunden wie Frank A. Meyer, Jörg Steiner, Otto F. Walter und andern Leuten aus der Region. Die Sendung von Radio DRS in der Reihe *Z.B.* wurde einige Tage nach der Auslieferung der erfolgreichen Aufsatzsammlung *Schulmeistereien* Mitte März 1985 ausgestrahlt, drei Tage vor Bichsels 50. Geburtstag. Der Tag wurde einmal privat, das andere Mal in Form eines Leseabends im Wirthaus «Kreuz» gefeiert. Der Vorlesende unterstützte durch die Veranstaltung die Veranstalter.

Arbeit für eine sinnvollere Schweiz
Er spricht, erzählt und arbeitet für eine bessere Schweiz. So wie sie jetzt ist, mit ihren Reichen, ihren Armen, den Banken und der Armee, scheint sie ihm verbesserungswürdig. Er setzt sich seit langem für die sozialdemokratische Partei ein, verteilt vor entscheidenden Abstimmungen Propagandamaterial in Bellach und anderswo, nimmt an politischen Demonstrationen teil, hat in der sogenannten Siebenergruppe, zusammen mit Professor Künzli, dem Schriftsteller Otto F. Walter und anderen Parteifreunden innerhalb einer engeren Kommission mitgeholfen, ein neues Parteiprogramm zu redigieren. Beteiligte wie der Generalsekretär Berger bezeugen, dass Bichsel fähig war, den komplizierten Theoretikern einfachere Formulierungen beizubringen.

Ungefähr 1974–1981/82 ist er – sieben, oder gar acht Jahre, wie er einigemal etwas umutig betont – als persönlicher Berater des Bundesrats Ritschard angestellt gewesen, nicht als Ghostwriter, wie man mancherorts meinte, sondern als freundschaftlicher Helfer in bestimmten Fragenkomplexen. Jemand müsse in solchen Bereichen auch manchmal jäten, sagte er im Fernsehinterview mit Frank A. Meyer (1980). Für seine Tätigkeit ist er mit einem Stundenlohn von etwa 40 Franken sogar offiziell entlöhnt worden, was denn auch am 9. März 1981 prompt zu einem nicht sehr relevanten parlamentarischen Vorstoss von SVP-Nationalrat Theo Fischer führte, im Sinn ungefähr, ob man denn einen notorischen Nestbeschmutzer von Staats wegen besolden solle und ob etwa gar die Spaziergänge der beiden Freunde aus der Bundeskasse bezahlt würden.[49] Die Zusammenarbeit des offiziellen Vertreters der Partei in der Exekutive mit dem (naturgemäss in fast jeder Hinsicht dissidenten) Dichter war für beide Teile nicht nur eine Bereicherung, sondern auch eine Belastung.[50] Ihre Freundschaft war sicher etwas Besonderes, nicht recht zu vergleichen mit der Beziehung Willy Brandt–Günter Grass. Bichsel hat in der Fernsehsendung mit Frank A. Meyer gesagt, einen Magistraten wie Ritschard könnte er sich in Deutschland nicht vorstellen: Die Deutschen seien im Politischen in gewisser Hinsicht zurückhaltend; in der Schweiz wolle das Volk von einem Bundesrat Besitz ergreifen, ihn gleichsam berühren können.

Bichsel nahm und nimmt an Protestversammlungen teil. (1973 zum Beispiel anlässlich der Ermordung Allendes; an der Versammlung in Solothurn trug Bichsel Neruda-Gedichte vor.) Meist tritt er nur als sanfter Rebell auf. Wenn er aber die Gefühle derer, die schlecht formulieren können, ausdrücken will, rebelliert er unter Umständen auch einmal lauthals. Zwischen Protesten, Manifesten, Demonstrationen und offiziellen Kundgebungen ist dabei schwer zu unterscheiden. Hervorzuheben von solchen Aktivitäten sind die Rede anlässlich des Einmarschs der Russen in der Tschechoslowakei im Herbst 1968 in Basel, die Rede an der Kundgebung der Gewerkschaften für die Freiheitsbewegung des Lech Walesa und seiner Genossen im Dezember 1981 in Bern, die Teilnahme an der Friedensdemonstration in Bern im November 1983 und der mit Frisch und anderen Kollegen gemeinsam verfasste Protest gegen das Verbot von Achternbuschs Film «Das Gespenst» anlässlich der Lesung zu Ehren Ludwig Hohls im Schauspielhaus Zürich 1984.

Am bekanntesten im In- und Ausland sind allerdings die meist polemisch genommenen Essays *Des Schweizers Schweiz* (1969), *Das Ende der Schweizer Unschuld* (1981) und, im Inland allein, Radiosendungen wie «Zytlupe»; diese Radiosendungen wurden bekanntlich schweizerdeutsch gesprochen, wodurch sie an sich vertraulicher hätten wirken müssen. Über die Verschiedenheit in der Wirkung hochdeutscher und mundartlicher Proteste hat Bichsel 1987 im Gespräch mit David Ward gesagt, eine hochdeutsche verletzende Äusserung wirke schärfer als eine mundartliche; in der Mundart werde aus einer scharfen Kritik unwillkürlich ein Jammern (S. 21). Dort hat, wie gesagt, seine Kritik an einer militaristisch wirkenden Äusserung des Korpskommandanten Feldmann vom 5. Februar 1983 recht viel Aufsehen erregt.

Des Schweizers Schweiz ist zuerst ähnlich in der Augustnummer 1967 der Kunstzeitschrift *Du* erschienen; Bichsel hätte darum nicht so erstaunt sein sollen, dass der sanft-angreiferische Aufsatz von Konservativen geschätzt wurde. Man habe leider seine Überlegungen als «innig-patriotisch» aufgefasst, schreibt er im Artikel «Und sie dürfen sagen, was sie wollen» (1970). Imponierend in diesem Essay scheint mir das rhetorische Geschick, vom apodiktischen Bekenntnis des Anfangs «Ich bin Schweizer» und den unaufdringlich, vielleicht eben doch «innig»-patriotischen Gedanken unvermerkt zur gewichtigen Kritik überzuleiten, zum Beispiel zu der durch Frischs Büchlein *Wilhelm Tell für die Schule* (1971) bekannt gewordenen Behauptung, progressiv seien im 13. Jahrhundert eigentlich die österreichischen Feinde unter Rudolf von Habsburg gewesen, nicht die aufständischen Urschweizer mit ihrem Wilhelm Tell; diese hätten nur das Alte bewahren wollen. Für uns Nachgeborenen sei es allzu beruhigend, den Heroismus Tells wichtiger zu nehmen als den progressiven Liberalismus der Staatsgründung von 1848.

Neben dem nicht immer versteckten Heimatgefühl kommen recht aggressive Sätze über das Museale eines gewissen Schweizertums vor, über Banken, die ewigen Gestrigen oder die Schweizer Armee als «Folklore» (S.19). Kurz nach der Bemerkung, er liebe die Heimat, folgt der von Bichsel häufig widerholte Satz «Ich habe mit nichts so viel Ärger wie mit der Schweiz und mit Schweizern». Das Büchlein wurde «in Zu-

sammenarbeit mit dem Informations- und Pressedienst der
«Pro Helvetia», also der offiziellen Kulturpropagandastelle,
publiziert.

Es wurde zum Bestseller und blieb eine Zeitlang populär.
Hermann Burger warf dem Verfasser allerdings vor, er zeige
den Schweizer voreilig als chauvinistischen Trottel und bringe
nur ein Miniaturbildchen zustande:

> *Ich erschrecke schon beim Gedanken, heute in einer Schweiz
> leben zu müssen, in welcher der Dialog unter solchen massstäb-
> lichen Verzerrungen geführt wird. Diese «Swissminiatur» ist
> ein Modell der Verkürzungen, mit zehn Schritten gelangt man
> vom Schloss Chillon ins Berner Oberland.*[51]

Burger hat in der Tat später ein langatmiges Gegenstück
zur Miniatur geschaffen, den im Ausland enthusiastisch begrüssten, m. E. überschätzten Roman *Die künstliche Mutter»*
(1982), das Bild einer dämonisierten und doch auch analy-
sierbaren Hassliebe. Im allgemeinen waren die Reaktionen
auf Bichsels Essay freundlich, keineswegs herablassend. Die
Neue Zürcher Zeitung allerdings schwieg sich aus.

Recht viel Staub aufgewirbelt hat ein Artikel zum 1. August
1970 mit dem eher provokativen als wichtigen Ausspruch,
man sollte endlich einen solchen nationalen Feiertag vergessen. Die entsprechenden Invektiven folgten auf den Fuss; sie
sind in den Anmerkungen zum Wiederabdruck des Bänd-
chens *Stockwerke* zu finden. In einem anderen Fall, dem Flug-
blatt zu Handen des Dienstverweigerers (und späteren Terro-
risten) Jürg Wehren, wurde ihm einmal von Hans Saner
«Gratismut» vorgeworfen.

Zum Eklat schliesslich führte der *Spiegel*-Essay vom Jahresan-
fang 1981 «Das Ende der Schweizer Unschuld». Nicht weil er
substantieller gewesen wäre als Früheres, sondern weil die
Kombination *Spiegel*-Bichsel viele Leser verstimmte.[52] Bichsels
Polemik wandte sich wieder einmal – die Wiederholung
drängte sich von der Sache her auf – gegen jenes helvetische
Establishment, das die Zürcher Unruhen nicht ernst nehmen
wollte. Daneben gab es Verallgemeinerungen wie die eben er-

wähnte über die Armee als Folklore oder die Bestechlichkeit der Politiker. (Der Ausdruck ‹Folklore› sei positiver gemeint, als es geklungen habe, meinte Bichsel 1982 im Gespräch mit Frank A. Meyer; die Armee habe ja bei den Schweizern gottlob etwas Unkriegerisches.) Persönlicher wirkte der Unwille über den Nimbus und den Reichtum der Stadt Zürich; gegen ihn hätten sich die Jungen mit Recht gewehrt. Bichsel meinte, man fühle sich von Zürich unterdrückt als der einzigen Stadt der Schweiz, die zur «richtigen Welt» gehöre. Sonst nicht viel Neues. Einige Rezensenten zeigten sich enttäuscht von gewissen effekthascherischen Passagen, einige reagierten ausgesprochen bissig. Das humoristische Wochenblatt *Nebelspalter*, wie immer souveräner als viele andere Organe, registrierte ohne grosse Begeisterung den geschickten Schachzug, den Angriff im Ausland erscheinen zu lassen; so werde er im Inland aufmerksamer gelesen.

Ein vehementer Angriff auf den Autor vehementer politischer Angriffe erfolgte allerdings erst – seltsamerweise in der Bichsel an sich sehr gewogenen *Weltwoche* – im Herbst 1995. Noch war Bichsel im Frühjahr im Kreise von Freunden und Grössen des Literaturbetriebs zu seinem 60. Gebutstag gelobt und gepriesen worden. Andreas Blocher, der Bruder des erfolgreichen Unternehmers und «Volkstribuns» von rechts aussen rügte im genannten Blatt unter dem Titel «Welch Schauspiel! Aber ach! Ein Schauspiel nur!» Bichsels «doppelbödige Rede» im Zusammenhang mit seinem Austritt aus der SPS. Dem Dichter, schrieb Blocher, ist Doppelbödigkeit gestattet; in der Politik sei sie allzu gefährlich. Die Reaktion einiger Bichsel-Verehrer auf die teilweise persönlich beleidigenden Vorwürfe und Andeutungen (Foto Bichsels in seinem typischen Kostüm etc.) liess natürlich nicht auf sich warten.[53]

Neben dem Journalismus (der an sich leicht zur Betriebsamkeit verführt) muss immer wieder an den Einsatz für die Partei erinnert werden. Bichsel ist, im Unterschied vieler seiner berühmten «linken» Kollegen, bis 1995 uneingeschränkt Parteimitglied geblieben, und es liegt ihm fern, als Zaungast seine Angriffe auf die bürgerliche Gesellschaft zu liefern.

Einer der Marksteine seiner offiziellen politischen Tätigkeit war die stark applaudierte Rede an der Delegiertenversammlung vom 12. Februar 1984 in Bern. Symptomatisch, dass die Rede mit einem Bekenntnis zur inoffiziellen Tätigkeit in seiner Gemeinde schloss. Bichsel versuchte das Nein des Parlaments zur Bundesratskandidatin Lilian Uchtenhagen vom 7. Dezember 1983 zu erklären; die Schadenfreude der Bürgerlichen sei lausbübisch gewesen.[54] Nach einer kurzen historischen Einleitung erklärte er, wie Sozialdemokraten salonfähig geworden seien.: «Aber die Salonfähigkeit selbst hatte ihren Preis, denn was Anstand ist, das wird immer von der Mehrheit bestimmt, und im Salon hatten wir die Mehrheit nicht.»[55]

(Im *Weltwoche*-Artikel zur Jurafrage 1965 hatte er, nebenbei bemerkt, für die Salonfähigkeit des Juragebiets plädiert.) Ferner gab er, im Zusammenhang mit dem Ratschlag, sich nicht mehr an der Regierung des Landes zu beteiligen, zu verstehen: «Ich habe Verständnis für den Arbeiter, der dabei bleiben will. Er ist überzeugter Sozialdemokrat, aber er erwartet sein Heil – seine Arbeit – nicht von uns, sondern von den Arbeitgebern, er will also zum mindesten, dass unsere Leute mit ihnen zusammenbleiben.»

Im Hinblick auf den schwindenden Idealismus in der Partei bemerkte er: «Und jene, die glauben, dass der Wunsch ‹Brüder zur Sonne, zur Freiheit› nur noch etwas Historisches sei und mit moderner Sozialdemokratie nichts zu tun habe – jene haben die Politik längst aufgegeben: Denn wir leben nicht in Freiheit, wir leben in Angst, wir leben in Angst vor dem Waldsterben, wir leben in Angst vor Raketen und Atombomben, wir leben in Angst vor Arbeitslosigkeit.»

Zum Schluss betonte er, dass seine Parteimitgliedschaft nicht von der Zentralgewalt abhänge, sondern von der Freundschaft mit einzelnen an seinem Wohnort. Dies die Erklärungen des Redners vor einer Partei, für die er gern arbeitete, der er jedoch nicht selten misstrauisch gegenübersteht. Was aber ist die Partei?

In den Augen des damaligen Vorsitzenden Hubacher,[56] Bichsels Freund, bildet die SPS eine Gruppe von Menschen, die die privatkapitalistische Gesellschaft ablehnt, weil diese Gesellschaft bloss eine halbe Demokratie gestatte und im Bereich der Wirtschaft nur das Recht des Stärkeren gelten lasse. Im Unterschied zu den praktisch orientierten Gewerkschaften möchte sie nach der Meinung ihrer Wortführer Hoffnungen und Erwartungen für eine bessere Zukunft in den Vordergrund stellen: den Sinn für Utopien bewahren.

Die Partei bedeutet Bichsel unter anderem Einsatz für die Möglichkeit, unseren Kleinstaat sinnvoller zu gestalten, nicht ganz zu resignieren vor den Mächtigen, der grossen Angst und der Zwangsläufigkeit des historischen Ablaufs; den Sinn für das Mögliche zu bewahren, Politik menschlicher und Geschichte in der Form von Geschichten zugänglich zu machen, wie er es an verschiedenen Orten veranschaulicht hat, in den *Geschichten* zum Beispiel durch die zweierlei Aspekte des Schicksals der Bourbaki-Armee. Die Flucht der geschlagenen, zerlumpten französischen Soldaten unter Bourbaki im Frühjahr 1871 war ein in den Schweizer Geschichtsbüchern verzeichnetes historisches Ereignis, für Bichsels Grossvater aber in erster Linie ein erzählbares Ereignis. In den Frankfurter Poetikvorlesungen wird der Gedanke wiederholt: Unser Leben werde erst sinnvoll, wenn wir es uns erzählen könnten. Bedeutet das die (regressive) Sehnsucht nach den Zeiten Herodots, als man Geschichten und Geschichte gleichsetzte und zwischen Anekdotischem und wissenschaftlicher Geschichtsschreibung noch nicht unterschieden werden konnte? Oder sind es die Bekenntnisse eines Unpolitischen?

Für Bichsels Geschichtsauffassung ist der Wunsch, für menschliche Gefühle Freiräume zu schaffen, wichtiger als Parteigebundenheit. Im Vorwort zur Künstlermappe *Das Bourbaki-Panorama in Luzern* hat er 1980 Zeugnis der Erinnerung an unbekannte Bourbaki-Soldaten gelobt; auch die Pissoir-Inschriften amerikanischer Soldaten «Kilroy was here» hätten anonym auf die Vergangenheit hinweisen wollen – als Spuren des Menschlichen im Gegensatz zu Belegen klaren historischen Bewusstseins. Ähnlich auch der Beitrag 1981 für die Theatergruppe «Sine Nomine»; er lobt darin die Fähigkeit der Spieler, in ihrer Weise Geschichte näher zu bringen; der Zuschauer müsse sich nicht einbilden, die Zusammenhänge klar zu durchschauen.

Politiker oder Hofnarr? «Geschichten» und andere Kolumnen
Die seit dem Zweiten Weltkrieg üblich gewordene Behauptung, jede Dichtung sei politisch, Feld-, Wald- und Wiesendichtungen seien einfach reaktionär und alles echt Literarische dem Wesen nach politisch-subversiv, wird von Brecht-Nachfolgern allzu gern paraphrasiert. Enzensberger hat es so formuliert: «Die Verfechter der Innerlichkeit sind allzumal reaktionär. Politik möchten sie als Spezialität, die am besten den Fachleuten überlassen bliebe, von allem andern menschlichen Handeln reinlich abscheiden» (*Poesie und Politik* 1962). Die Gegenbehauptung, keine Dichtung sei politisch relevant, verdient indes einiges Nachdenken.

Auszugehen ist dabei bestimmt nicht von der Unausgewogenheit, der mangelnden Urteilskraft wie Gottfried Benns kurzer und Rilkes noch kürzerer Bejahung des Faschismus oder Scholochows Ja zum Stalinismus. Das führt höchstens zum Achselzucken von Politikern, die politischen Meinungsäusserungen eines Dichters seien noch weniger ernst zu nehmen als die eines Philosophen. Der Nachfolger des Bundesrats Ritschard[57] hat auf Bichsels Parteirede in Bern ungefähr in diesem Sinn reagiert; man müsse das Unlogische in seiner Rede entschuldigen; Bichsel sei Schriftsteller. Ich möchte im folgenden lieber die Gegensätzlichkeit von Theorie und Praxis ins Auge fassen.

Plato, in dessen «Politeia» die Dichter bekanntlich Leute sind, denen man besser mit Vorsicht begegnet, hat im zehnten Buch dreierlei Künste unterschieden, die gebrauchende, die verfertigende und nachbildende (601 d: «*τρεῖς τέχνας εἶναι, χρησομένην, ποιήσουσαν, μιμησομένην*»). Die eine, die Nachahmung (Mimesis), hat natürlich die Realität abzubilden, und dazu gehören unter anderem die politischen Gegebenheiten. Zum Beispiel der Staat? Kaum, denn der Staat ist etwas extrem Abstraktes und handkehrum eine gefährliche Realität. Er wird definiert als Herrschaftsordnung, durch die ein Volk auf begrenztem Gebiet durch Hoheitsgewalt zur Wahrung gemeinsamer Güter, und zwar materieller wie unter Umständen ideeller, verbunden ist. Als Staat wird so etwas erst seit Beginn der Neuzeit bezeichnet. Die nachahmenden Künste haben seit jeher die Organisationen des Staatswesens weniger wichtig genommen als die persönlichen Werte der Bürger: deren lebendige Gemeinschaft. Das muss nicht Hochmut sein, nicht Verachtung des Profanum vulgus. Wenn Bichsel Beamte schildert, sind sie kaum als Funktionäre erkennbar, sondern als Menschen in ihrer Schwäche und Einsamkeit.

Und die Beziehung zur Arbeiterklasse? Persönlich ist sie eng geblieben, in der literarischen Thematisierung nicht. Denken wir an die in der Glosse *Schreiben ist nicht ohne Grund schwer* (1976) und anderswo artikulierte Skepsis gegenüber der sogenannten Arbeiterliteratur. Bichsel weiss, dass die Leseerwartungen der Einfachen selten auf das Einfache gerichtet sind, die der Intellektuellen noch seltener auf das Intellektuelle. Schreiben ist schwer.

In der Kindergeschichte *Amerika gibt es nicht* schafft sich der König nach dem Narren, der die Wörter verdreht (zum Beispiel statt ‹Majestät› gern ‹Stajesmät› sagt), und nach Hänschen mit seinem fürchterlichen Lachen den Narren Colombo an. Er kann lächeln. Er will nichts werden, sondern ist einfach der, der er ist: Colombo oder Colombin. Er möchte ein Land entdecken, hat aber Angst vor der Entdeckung. Amerigo Vespucci fährt später in Tat und Wahrheit in die Ferne. Colombin hat sich ängstlich im Feld unter den Bäumen versteckt.

Unübertragen: Mitte März 1981, also nicht lange nach dem ominösen *Spiegel*-Artikel, hielt sich Bichsel in Schmitten, einer Ortschaft zwischen Bern und Fribourg, zum Vorlesen auf.[58] Er sagte, es sei das erstemal, dass er von einem Gemeindeammann zu einem solchen Abend eingeladen worden sei; auf so etwas reagiere er mit Rührung. Nach der Vorlesung wurde er in Sachen Vaterland interpelliert, und er versuchte Red und Antwort zu stehen. Das war nicht leicht nach all den Vorwürfen, die er weitherum eben eingeholt hatte. Er versuchte zu erklären, warum er trotz Enttäuschungen und Verunglimpfungen immer weiter kritisiere: «Dieses Land lässt einen nicht in Ruhe.» Und am Schluss des Abends entrann ihm der Stossseufzer: «Was ich wieder einmal möchte: mit Leuten über Literatur sprechen, denn eigentlich bin ich Schriftsteller.»

Es gibt eben selbst für Dichter, die sich für Fragen der Öffentlichkeit sehr interessieren und für bestimmte Ziele kämpfen, immer wieder eine Kluft zwischen Politik und Literatur. Wie die im Zusammenhang mit den Kindergeschichten erörterte zwischen Sinn und Unsinn, zwischen Ernst und Spiel. Wie die von allen Künstlern immer wieder empfundene zwischen Individuum und Gesellschaft. Thomas Mann hat sich über den Konflikt Bürger-Künstler breit ausgelassen, Gottfried Benn die Unvereinbarkeit der beiden Bereiche behauptet. Eindrücklich, nebenbei bemerkt, wie souverän Bichsel in der *Weltwoche*-Glosse vom August 1968 von Wichtigkeit Benns für ihn, Bichsel, berichtet.

Staatskunst ist etwas anderes als Wortkunst. Die erste kann, sofern sie liberal geartet ist, bestimmte Lebensgebiete wie Religion, Wissenschaft und Poesie gegenüber dem Staat zu neutralisieren versuchen; im totalitären Staat dagegen ist das nicht möglich. Im liberalen Staat entsteht für die meisten Künstler ein übles Dilemma; er will sich nicht neutralisieren lassen, wünscht aber auch keinen totalitären Staat. So gleicht sein Kampf gegen den liberalen Staat oft einem Kampf gegen Windmühlen. Seine Proteste werden nicht gehört, ja ins Lächerliche gezogen. Keine Seite nimmt die andere ernst. Karl Schmid hat 1953 in einem Vortrag mit dem Titel *Geist und Politik* im Hinblick auf die Spannung zwischen Intellektuellen und der Allgemeinheit sehr eindrücklich dafür plädiert, dass man sich trotzdem ernst nehme und dass die Spannung echt und fruchtbar bleibe.

In den *Geschichten zur falschen Zeit* (1979) ist die Spannung fruchtbar geblieben. Ähnliches gilt, cum grano salis, für die Pendants *Schulmeistereien* (1985), *Irgendwo anderswo* (1986), *Im Gegenteil* (1990) und *Gegen unseren Briefträger konnte man nichts machen* (1995). Es sind Sammlungen von Kolumnen, die wie

Bichsel mehrmals (z.B. im Interview 1995) bezeugt, ihm wichtiger als die fiktionalen Texte sind; sie zustande zu bringen, sei ihm allerdings stets ausserordentlich schwer gefallen. In *Irgendwo anderswo* beeindrucken in der Titelglosse die differenzierten Gedanken über Heimat und Fremde, in *Im Gegenteil* die bewegenden Überlegungen über die verantwortungsvolle Aufgabe eines hohen Beamten wie Bundesrat Ritschard, in *Gegen unseren Briefträger konnte man nichts machen* die unverwechselbare liebevoll-weise Darstellung des lesefreudigen Postangestellten. Trotzdem: Nach der Freude an den ersten Kolumnen-Sammlungen haben die neuen Sammlungen manche Leser auf Grund des Wiederholungscharakters in Stil und Gehalt auch ermüdet. Die Glosse «Die Bewältigung der Unschuld» beispielsweise ist eher ein biederes Kannegiessern (wie Gottfried Keller in solchen Fällen zu sagen pflegte) als eine auf Sachkenntnis beruhende Tour d'Horizon über das Verhältnis der BRD zur DDR nach dem Fall der Mauer.[59] In einigen Fällen handelt es sich eben doch um Politschnulzen, wie Bichsel sich ausgedrückt hat. Jürgen Jacobs vermisst in seiner Rezension der *Schulmeistereien* in der Beurteilung des Falkland-Krieges ein «historisches Augenmass».

Im Essay über Friedrich Glauser (1994) erklärte Bichsel, wie Glauser aus finanziellen Gründen ähnlich wie Robert Walser lange gezwungen war, «unter dem Strich» kurze Beiträge zu verfassen und wie dies für seine literarische Entwicklung von Nutzen gewesen sei. Walser und Glauser seien «nur unter der Bedingung des Feuilletons, unter der Bedingung des Biederen und Betulichen zu ihrer höchst eigenen Literatur gekommen». Ein Vergleich mit Bichsel als Publizist hinkt wegen seiner ganz anders gearteten Situation im modernen Medienbetrieb.

Alle diese Sammelbände früher veröffentlichter Kolumnen enthalten prächtige Beispiele des politischen Absentismus und des Engagements. Neben dem Blick auf die Mühseligen und Beladenen innerhalb eines beinahe perfekt funktionierenden Staatswesens, neben Schilderungen von Nichtsnutzen und Gammlern steht die Anteilnahme für den klugen, nach der Meinung der Mehrheit wohl gescheitesten, aber nicht populären Schweizer Bundesrat Kurt Furgler: «Was haben Sie gegen K. F.?» Die Aufsätze sind teilweise im Auftrag des Bichsel politisch nahestehenden *Tages-Anzeiger* entstanden. Zur falschen Zeit, weil, so der Verfasser, die Zeit solche Geschichten nicht erträgt, «würde man sich ganz auf sie einlassen». Das bedeutet die ernsthafte Distanznahme. Bitterer Ernst und Heiterkeit halten sich oft die Waage. In der Partei, lesen wir im Artikel «Freibeuter sind keine Piraten», diskutiere er, Bichsel, über Strassenbauprobleme, um die sich die Gammler, die ihm am Herzen liegen, natürlich nicht kümmern.

Man muss sich schon vergegenwärtigen, in welchem Stil Politologen, Soziologen und selbst einige Stückeschreiber und Erzähler über Politik manchmal schreiben, um den Wert von Bichsels Büchlein recht einzuschätzen. Ganz allgemein wehrt sich Bichsel im Interview mit Peter Rüedi (1979) gegen entsprechende Abstraktionen: «Gegen diese politische Sprache, die nicht etwa nur eine bürgerliche politische Sprache, sondern zu einem guten Teil auch eine der Linken geworden ist, versuche ich in diesen Geschichten Sentimentalitäten einzubringen.» Und im Interview mit de Groot (1983) erklärt er, warum er so gern für Zeitungen schreibe, warum ihn das leider fast aussterbende Genre Feuilleton derart fasziniere: man gerate da an ganz andere Leserschichten als durch fiktionale Prosa.

Die Beizenhocker, die «Biertischler» werden nicht als Kuriosa betrachtet, sondern mit reger Anteilnahme. Und wie gesagt, auch der ehrgeizige Bundesrat. Ein nach den Worten des Verfassers mitunter kitschiges Eingehen auf menschliche Nöte, aber auch ein wacher Sinn für ideologische Probleme zeichnet das Buch aus. Die Perspektive ist klar und offen, der Blickpunkt eindeutig: die Heimat.

Heimat im geographisch-politischen Sinne fällt für ihn grundsätzlich zusammen mit der sprachlichen. Die politische Publizistik wie das literarische Schaffen haben den gleichen

Nährboden. Ein Bichsel nahestehender Kommentator (Niederhauser, *Auskunft*) hat mit Recht behaupten können, aus dem Ich des Verfassers entstehe selbst in einer Kolumne ein erzähltes Ich. Er ist Feuilletonist.

Seine Redlichkeit und Schlichtheit in dieser Sparte ist weitherum anerkannt worden; selbst in der Bezeichnung «homespun wisdom» des amerikanischen Rezensenten Schwarz (siehe Anhang) war Sympathie zu spüren. Konservative und Progressive lobten die Haltung und den Stil; man schätzte besonders, dass er sich niemals bemühte, so brillant wie die Starkritiker zu schreiben. Ablehnung war selten.[60] Sie war, ein seltsames Zusammentreffen, gleich stark bei einem Rezensenten aus der Sowjetunion wie bei dem der *Frankfurter Allgemeinen*.

Ist Bichsel ein Patriot, der sich und sein Land nicht zu ernst nimmt?

Schon in den frühen Aufsätzen zeigt sich hie und da eine erstaunliche Souveränität in der Beurteilung der Schweiz. In einer an sich literarischen Kontroverse der *Weltwoche* vom l. April 1966 liest man: «Des Schweizers bitterer Mangel, der Mangel an Zivilcourage, ist staatserhaltend. Das ist ärgerlich.» Darauf folgt ein Lob der politischen Kleinarbeit. Die meisten Bundesräte hätten früher in Gemeindekommissionen gesessen, und dort habe man zum Beispiel darüber diskutiert, ob in einer bestimmten Strasse ein Kandelaber nötig sei oder nicht. Solche Kleinarbeit trage das Staatsgebäude.

Politisches Engagement also in der Stille – ein weiteres Paradoxon. Bichsel, der von einigen Mitbürgern der Streitsüchtigkeit bezichtigt wird, wünscht vermutlich im Grunde, zu den «Stillen im Lande» zu gehören. Markus M. Ronner spricht im Vorwort zu einem Aphorismenband Nikolaus Cybinskis vom selben Wunsch Cybinskis, sich zwar «einzuigeln», aber dann auch wieder auszubrechen.[61]

Den Grossen begegnet er oft mit Misstrauen. Vielleicht haben ihm gerade darum die wirklich Grossen der verschiedensten Kreise immer wieder Anerkennung gezollt. Jean R. von Salis schreibt anlässlich von Bichsels Besuch auf Schloss Brunegg 1981 in den *Notizen*: «Der Arbeitersohn und Sozialdemokrat behielt Kontakt mit den Arbeitern; mir scheint, bei ihm sei alles richtiger, auch verständiger, als bei manchen ‹linken› Literaten, die Bürgersöhne sind und mit salopper Kleidung den Anschluss an das ‹Proletariat› markieren möchten.» Dann heisst es im Hinblick auf das Gespräch über Goethes Versagen in gewissen moralischen Dingen: «Bichsel bleibt an der scheinbaren Antinomie: amoralisch, aber gewissenhaft hangen, ich rat ihm, dies nicht den aufrührerischen Jungen zu sagen. Im Gegenteil, gerade das möchte er ihnen sagen, dass sie trotz ihrem amoralischen Verhalten gewissenhaft und pflichtbewusst sein sollten.»

IV. DER LESER, DAS ERZÄHLEN

Ich beschreibe nicht Dinge, sondern ich schreibe, was man über diese Dinge sagen könnte. Im Grunde genommen sind es Occasionen, die ich schreibe: Alle Sätze, die ich schreibe, sind schon gebraucht. Ich erfinde keine neuen Sätze, sondern ich bin ein Occasionshändler, ich bin ein Secondhand-Verkäufer. Ich verkaufe nur Gebrauchtwaren; meine Sätze sind alle schon irgendwo gebraucht.[62]

Seitdem Fernsehen, raffinierte Reklametechniken und computergesteuerte Informationswellen uns überfluten, ist man sich der Wichtigkeit des Lesens wohl mehr noch als der des Schreibens erneut bewusst geworden. Allerorten stossen wir auf Ratschläge, wie man zum Lesen verführt werden könne und auf Beteuerungen, wie schön die Verführung sei. Das neue Bestreben hat seine Vorgeschichte in der Theorie.

Der implizite Leser
Während früher die Entstehung einer Dichtung als ein fast unabhängiger, persönlicher Schöpfungsakt angenommen wurde, wird spätestens seit den Studien von Sartre, Jauss und Iser (der Konstanzer Schule) der Lesevorgang, die Rezeption eines Werkes für dessen Entstehen als entscheidend beurteilt. Autor, Text und Leser bilden in der Rezeptionstheorie eine unauflösliche Einheit. Bichsel kennt die Theorie nicht, hat aber – in schlichterem Stil natürlich – diese grundlegenden Gedanken schon lange in journalistischen Beiträgen ausgedrückt; ausserdem in den Frankfurter Poetikvorlesungen, die zwar in der Formulierung «Mich interessiert der Vorgang des Veränderns durch Beschreibung», bzw. «Geschichten über Literatur» angekündigt worden waren, in der gedruckten Fassung dann aber den Titel *Der Leser. Das Erzählen* trugen (1982). Bichsel weiss sich im Literaturbetrieb integriert und der Lesertradition verpflichtet, auch in seiner Kreativität. In der zweiten Vorlesung sagt er: «[Ich] bin mehr Leser als Schriftsteller», und auch früher ist er nie müde geworden zu betonen,

wie wichtig für die Gesellschaft Leser seien; sie seien es, die in erster Linie revolutionäre Talente hätten, nicht die Schriftsteller. In seinem Amt als Stadtschreiber von Bergen-Enkheim schien ihm die Hauptaufgabe, den Leuten – durch geduldiges Zuhören – die Freude am Lesen lebendig zu erhalten. Es spiele dann keine so grosse Rolle, ob das Leseerlebnis durch Goethe oder die Marlitt initiiert worden sei.

Diese Überzeugung geht von ganz anderen Voraussetzungen aus als die weit verbreitete, das Gegenüber des Autors sei ein Kollektiv, seien die «anderen». In den Jahren der Entstehung des Stücks vom hypothetischen Juden Andri in *Andorra* hielt Max Frisch zur Eröffnung der Frankfurter Buchmesse eine Rede mit dem Titel *Öffentlichkeit als Partner* (1958). Am Anfang hiess es:

> *Öffentlichkeit ist die Einsamkeit aussen, schrieb ein Dichter, den ich liebe. Ist das, wenn auch von der Enttäuschung her, ein Eingeständnis, dass der Mensch, der veröffentlicht, etwas erwartet, was ihn aus der Einsamkeit befreien könnte, eine Partnerschaft also? [...] Wie kommt es, dass der Schriftsteller, indem er schreibt, Schamhaftigkeit überwindet und Regungen preisgibt, die er unter vier Augen noch nie ausgesprochen hat?*[63]

Bichsel erwartet keine Partnerschaft von einem Kollektiv. Seine Leser und Zuhörer sind nicht anonym – und damit Anlass, private Regungen preiszugeben; die Beziehung zu den Menschen, denen er sich mitteilt, ist weniger modern.

Derselbe Gedankengang kommt auch in einem Aufsatz des amerikanischen Literaturwissenschafters Walter J. Ong vor, nur dass hier zwischen Publikum und Leser in einem für Bichsel wichtigen Sinn unterschieden wird: «‹Audience› is a collective noun. There is no such collective noun for readers, nor, so far as I am able to puzzle out, can there be.»[64] Bichsel denkt an das mündliche Erzählen und darum häufiger als Frisch an den Zuhörer als an den Leser – oder gar an eine fiktive Öffentlichkeit als Partner.

In seiner ersten Poetikvorlesung spricht er davon, wie er durch seinen Hang zum Gewöhnlichen wohl am allgemeinen Lesebedürfnis vorbeischreibe:

> *Der Leser – unter Umständen selbst der Leser, der mich liest –hat dauernd andere Erwartungen. Es ist ein erstaunliches, ein amüsantes und erfreuliches Phänomen, dass die Literatur seit je mit fast bösartiger Konsequenz an den Vorstellungen ihrer Leser vorbeischreibt. Der Leser macht dann auch ab und zu und immer wieder entsprechende Vorwürfe – allerdings nur der zeitgenössischen Literatur. [...] Die Einsicht, dass Literatur schon immer an Lesererwartungen und Leservorstellungen vorbeigeschrieben hat, wäre freilich noch lange kein Grund, es weiterhin zu tun. Ich würde auch gern verschweigen, warum wir es trotzdem tun.*

Vergleichbar mit diesen Äusserungen ist die Haltung der Konstanzer Schule. Wolfgang Iser zum Beispiel erklärt die Möglichkeit der Leseenttäuschungen in der Untersuchung *Der Akt des Lesens* (1976) wie folgt: «Von der Sprechakttheorie wissen wir, dass gerade die Situationsangemessenheit der Rede über ihren Erfolg entscheidet. Streng genommen ist der fiktionale Text situationslos; er ‹spricht› bestenfalls in leere Situationen hinein, und streng genommen befindet sich der Leser während der Lektüre in einer unvertrauten Situation, da die Geltung des Vertrauten als suspendiert erscheint. Diese Leere indes wird im Dialogverhältnis von Text und Leser als Antriebsenergie wirksam, nun die Bedingungen der Verständigung zu erzeugen, damit sich ein Situationsrahmen herauszubilden vermag, über den Text und Leser zur Konvergenz gelangen.»

Ein Vorläufer der von der Konstanzer Schule vertretenen Thesen war Sartre. In seinem Essay *Qu'est-ce que la littérature?* (1947) begründet er im zweiten Kapitel, warum das Schreiben als dialektisches Korrelativ das Lesen einschliesse. Sartre kritisiert Kants Subjekt-Objekt-Theorie. Jauss und Iser führen diese Gedanken weiter. Lesen und Verstehen werden unterschieden, und viel Gewicht wird auf die Rolle Lesebefriedigung in Dichtungen einerseits und Unterhaltungsliteratur andererseits gelegt. Die Unterhaltungsliteratur verlangt keinen Horizontwandel. Isers wichtigster Beitrag zur Wirkungsästhetik ist neben der Studie *Der implizite Leser* (1972) *Der Akt des Lesens*, aus dem ich eben zitiert habe. Die Aktivität basiert wie gesagt auf der Differenz Leser-Text. Lesen ist kein passives Hinnehmen, sondern eine produktive Antwort, kein Abtasten der Zeilen, sondern das Erfassen einer Gestalt. Genau so Bichsel. Der Lesevorgang wird von ihm nie als ein besinnliches Geschehen und Geschehenlassen (im stillen Kämmerlein) gesehen. Lesen verändert ihn mehr als Schreiben; sogar körperlich ist dieser Akt für ihn spürbar; mit einer solchen Bemerkung geht er natürlich weit über die Erwägungen der Theoretiker hinaus. Lesen könne auf ihn wie eine Droge wirken. Auf die ominöse Insel, sagt er in der zweiten Vorlesung, würde er weder die Bibel noch das Lieblingswerk mitnehmen, sondern überhaupt kein Buch, denn dort könnte er niemandem mehr mitteilen, was er gelesen habe.

Oder an einer anderen Stelle: Lesen öffne den Zugang zum ganz anderen, zu einer zweiten Dimension. Unabhängig von den Konstanzern unterscheidet Bichsel zwischen Lesen und Verstehen auf seine besondere Art (*Der Leser*, S.44).

In den letzten Jahren ist die Aktualität des Themas «implizierter Leser» durch die Zuspitzung in gewissen Editionsvorhaben noch offensichtlicher geworden. Die Neuausgabe von Kafkas Prozess-Text durch Roland Riss beispielsweise hat den «Roman» gewissermassen dekonstruiert, und der Leser ist nun mehr denn je auf seine eigene Vorstellungskraft angewiesen. So Manfred Schneider in seiner Besprechung für die *Zeit* vom 5. Dezember 1997; nach der Herstellung des gewünschten authentischen Textes, schreibt er, bleibe nur noch der Leser als Phantom.

Das Erzählen
In der schon weltbekannt gewordenen Erzählung *Ein Tisch ist ein Tisch* der *Kindergeschichten* wird der Leser, nachdem er während zweier Drittel das Spiel mit den Wörtern getreulich, das

*Ankündigung
der Poetik-Vorlesungen
in Frankfurt*

*Vor dem Stadtschreiberhaus
Bergen-Enkheim*

Peter Bichsel im Stadtschreiberhaus Bergen-Enkheim

Begegnung mit dem Radrennfahrer René Savary in Frankfurt 1982

heisst denn wohl doch passiv in seiner Phantasie mitgespielt hat, aufmerksam gemacht, jetzt könne er die Geschichte selbst weiterschreiben. Eine solche Aufforderung ist eher für Zuhörer als für Leser gedacht. Bichsel teilt sich mündlich ebenso gern oder sogar lieber mit als schriftlich, und er fragt sich oft, ob sein Hauptberuf die Schriftstellerei sei.

Verständnis für den andern findet man nach seiner Ansicht viel eher beim Sprechen als beim Schreiben. Verstehen – nicht Erkennen – hängt vom mündlichen Austausch ab. Darum scheint das Œuvre Bichsels für manche Nichteingeweihte armselig zu sein; sie kennen all die Vorträge, Radio- und Fernsehsendungen nicht. Ebensowenig die Biertischgespräche, und diese sind wichtiger als die literarischen Interviews. Davon war im letzten Kapitel die Rede. Eine einleuchtende Erklärung der eigenen Vorliebe findet sich in seiner Darstellung der Unterhaltungen mit Willi Ritschard (1983):

> *Ich habe mich am Anfang unserer Zusammenarbeit auf unsere langen Gespräche so vorbereitet, dass ich ihm alles Wichtige mit Unterstreichungen und Ausrufzeichen aufgeschrieben habe und das weniger Wichtige mündlich vorgetragen habe. Das ist unter Alphabeten so üblich. Ich habe bei ihm gelernt, dass es eine Form von Entmenschlichung sein kann, wenn das Schriftliche wichtiger wird als das Mündliche, und sehr bald habe ich für ihn das Unwichtige schriftlich festgehalten, damit wir im mündlichen Gespräch genügend Zeit haben für das Wichtige.*

Pointiert klingt ein Satz in der Einleitung zur *Bemerkung zum Engagement* der Sammlung *Geschichten,* der sich auf eine Erinnerung an ein rotes hölzernes Postauto bezieht: «Ich habe schon oft versucht, sie [die Geschichte] zu erzählen. Sie ist nicht erzählenswert, also schreibe ich sie auf.»

Eine solche Unterscheidung hängt in der Schweiz mit dem Dilemma Mundart und Schriftdeutsch zusammen. Bichsels Muttersprache ist natürlich die Mundart; er verwendet, wie er des öfteren resigniert festgehalten hat, beim Lesen und

Schreiben eine Kunstsprache. Die in der Deutschschweiz offensichtliche Spannung Mundart-Schriftsprache scheint mir bei Bichsel besonders fruchtbar zu sein.

Seine Texte eignen sich für die Lesebücher und – so ungern er das auch hören würde – zum Erlernen von korrektem Deutsch. Die Übungsbücher für Deutschschüler und -studenten in aller Welt bezeugen dies – er ist ein Lehrbuchautor und Vorbild im Stilistischen trotz gelegentlicher Verwendung schweizerdeutscher Ausdrücke und gelegentlichen Verstössen gegen grammatikalische Regeln; dies hatte Reich-Ranicki schon bemerkt.

Das heute übliche und modische Mischmasch von Kulturen und Ansichten und Idiomen ist ihm fremd. Er ist kein Kosmopolit; die lokale, kulturell einigermassen in sich geschlossene Szene behält für ihn ihren Wert. Das Gebiet um Solothurn, wo der Unterschied zwischen gesprochener und geschriebener Sprache klar scheint, ist die Basis.

In der Rede in Olten 1966 hat er im Zusammenhang mit seinen frühen Erinnerungen den Wunsch, in engem Kontakt mit den Leuten zu bleiben, folgendermassen formuliert:

> *Man versucht mit aller Kraft, die Schriftsteller auf jenen Olymp zurückzudrängen, den uns die Schule für die alten Meister weismachen will. Man verharmlost die Autoren, indem man sie als göttlich verehrt, man lobt sie, um ihnen nicht zuhören zu müssen. Ein Schriftsteller möchte antastbar sein.*

Bichsel spricht wie gesagt seine Solothurner Mundart – hie und da stockend und larmoyant. Falls er aus seinen Texten öffentlich vorträgt, klingt von der heimatlichen Stimmung einiges mit. Seine Stimme ist weich, die Stimmung, die er beim Vorlesen hervorruft, gemütvoll. Der Rest einer nicht immer überwundenen Unbeholfenheit macht das Publikum geneigt, mit dem, der da vorne steht, eher zu sympathisieren als mit einem glänzenden Redner.

Ist sein ausgesprochener Hang zur mündlichen Mitteilung mit ein Grund für die Abneigung gegen das «Rechtschreiben»? In oft übertriebenem Eifer stellt er die Regeln der Orthographie als ein Mittel der Repression, als ein von Reaktionären erfundenes Druckmittel hin.[65] Im Spannungsfeld Mundart/Schriftsprache gehört seine Liebe ohne Zweifel der Mundart. Die hochdeutsche Schriftsprache scheint ihm exakter, und gerade das kann eine Gefahr für den lebendigen Austausch der Gedanken sein. Ein lebendiger Austausch setzt Wärme, nicht Korrektheit, setzt Sinn für Hemmungen, nicht Effizienz voraus. In den meisten Vorlesungen oder Vorträgen ist denn auch der besondere Tonfall von Bichsels Stimme vermerkt worden.[66] Sein Gesinnungsfreund Rolf Niederhauser hat im bereits erwähnten Aufsatz geschrieben: «Peter Bichsel ist einer der wenigen Erzähler heute, deren Erzählkunst auf die Existenz von Gedrucktem nicht angewiesen ist.»[67] Der Saal der Goethe-Universität Frankfurt, in dem er vom 12. Januar bis zum 9. Februar 1982 seine Poetikvorlesungen hielt, war voll wie noch nie, voller, berichten verschiedene Augenzeugen, als bei den Vorgängern Kunert, Rühmkorf, Walser, Muschg. Auch die gedruckte Fassung der Vorlesungen ist von praktisch allen Kritikern als im besten Sinne schlicht und doch gehaltvoll gerühmt worden. Zitiert seien lediglich Peter Hamms Loblied in der *Zeit* («Preis für literarische Bescheidenheit» und doch anspruchsvoll, «nie jemand liebenswürdiger subversiv») und Dieter Bachmanns Würdigung im *Tages-Anzeiger*.

Conrad-Lektüre – Chesterton
Von all den Büchern, die Bichsel sehr gern liest,[68] diejenigen zum Beispiel von Ford, Goethe, Jean Paul, Joyce, Michaux, Robert Walser, verdienen die von Joseph Conrad wohl besondere Aufmerksamkeit. In den Poetikvorlesungen bekennt sich Bichsel zu ihm; im Sommer 1983 hat er im Bayerischen Rundfunk über Conrad gesprochen, und ich habe persönlich gehört, wie wichtig ihm sogar die umfangreiche Biographie Frederick Karls über die «drei Leben» Conrads sei.[65] In den Vorlesungen hiess es, unter den Romanciers sei ihm Conrad der liebste, im Radiovortrag wurde differenziert: Er habe zwar nicht die geringste Neigung zur Südseeromantik und Exotik,

die Kulisse dieser Dichtungen sei ihm fremd, aber das Leben, das beschrieben werde, sei doch sein Leben – sein Scheitern, seine Schwierigkeiten, seine Träume, seine Enttäuschungen.

Auf den ersten Blick ist die Vorliebe rätselhaft, auch wenn man weiss, dass Bichsel viel Sympathie für andersgeartete Menschen und literarisch Fremdes hat. Als Verfasser von kurzen Geschichten bewundert er Romanciers, als unsportlicher Fussballer und (als verhinderter Sprinter) Marathonläufer oder Sechstagerenner. Siehe die Begegnung mit René Savary.

Was hat der wortreiche Seefahrer und Erzähler spannender Abenteuer mit dem Dichter eines modernen Schweizer Alltags und dem mit jedem Satz ringenden Verfasser der Milchmann- oder Kindergeschichten gemeinsam? Scheinbar nichts. Die Phantasie Conrads ist grenzenlos. Da gibt es kein langes Nachdenken über die Problematik der Schriftstellerei, wenig, was ausgespart bleibt. Hie und da wird die Darstellung opernhaft; bei entscheidenden Wortgefechten blitzt und donnert es. Das Meer ist des Dichters Geliebte, und der Aufbruch in die weitesten Räume oder ins Unerforschte – in die Tiefen des Dschungels wie in der Novelle *Das Herz der Finsternis* – gehört zu den Voraussetzungen seines Erzählens. Wenn man liest, wie einer der Romanhelden den Kopf in den Schoss seiner Geliebten legt – ich denke an Heyst oder Willems –, wirkt das als reine Liebesbezeugung und hat nichts mit sexuellen Regungen zu tun. Das schöne Haar Ninas (in *Almayer's Folly*, 5. Kapitel) umrahmt das Gesicht auch ihres Liebhabers Dain, und die ganze Welt ist für solche Augenblicke für beide verzaubert. Das Meer und Frauen sind nicht zuletzt liebenswert wegen ihrer Andersartigkeit.

Gemeinsam ist beiden Dichtern Dezenz in der Darstellung zwischenmenschlicher Beziehungen bei aller Faszination durch das Weibliche, Interesse am Insularen, das heisst, allgemeiner gesehen: Leiden an der Vereinsamung. Ehrfurcht vor alten Leuten. Schreiben nicht in der eigentlichen Muttersprache (die Dichotomie Schweizerdeutsch-deutsche Schriftsprache ist sicher nur scheinbar harmloser als die von Polnisch und Englisch). Der Freibeuter Peyrol im Roman *The Rover*

(1923), den Bichsel im Radiovortrag ausser *The Outcast, Almayer's Folly* und *The Rescue* erwähnt (stets in der deutschen Fassung allerdings), lässt immer wieder seine Abneigung gegen Seeoffiziere mit ihren Epauletten spüren; die «Brüder des Meeres» sind anderer Art.

Conrad erzählt, hinreissend und hingerissen, von südlichen Inseln, von heisser Liebe zu Eingeborenen, von Dissidenten der etablierten Gesellschaft. Willems im Roman *The Outcast of the Island* (1896, deutsch 1934), auf den sich Bichsel in der Vorlesung wie auch im Radiovortrag speziell bezieht, wird wegen seiner Leidenschaft für eine Eingeborene zum Ausgestossenen. *The Outcast* ist Conrads zweiter Roman, und die Ermutigung, die er von einem Freund bekam, etwas anderes zu versuchen, nicht einfach «weiter» zu schreiben, muss Bichsel für die Arbeit an seinem zweiten Buch, den *Jahreszeiten*, wichtig gewesen sein. Er zitiert in der vierten Vorlesung Conrads Erklärung.

Kurz, Bichsel ist nicht nur als Zuhörer, sondern auch als Leser fähig, das ganz Verschiedene aufzunehmen. Das macht ihn demütig – um doch einmal den der Moderne an sich wesensfremden Ausdruck zu brauchen – selbst im schöpferischen Prozess, kindlich selbst dort, wo er als Erwachsener nachdenkt, frei zum Spiel selbst dort, wo der Ernst der Dinge auf der Hand liegt.

Gilbert Keith Chesterton (1874–1936), katholischer Schriftsteller der letzten Jahrhundertwende, hilft vielleicht trotz aller Wesensfremdheit die Eigenart Bichsels noch einmal zu vergegenwärtigen. Chesterton besass ein ausserordentliches Verständnis für kindliche Elemente in jeder Poesie und den in jeder Dichtung verborgenen oder offensichtlichen Unsinn. Wie Bichsel versucht er seine Gedanken möglichst unkompliziert auszudrücken. Natürlich war ihm als Engländer Nonsense-Literatur nie fremd. Man denke an die Klassiker dieses Genres, Edward Lear und Lewis Carroll.[70]

Chesterton war wie Bichsel nicht nur «Dichter», sondern auch ein Mann der Presse. Ich zitiere einige Stellen aus seinen Essays und übergehe aus naheliegenden Gründen seine berühmten Kriminalromane und andere Erzählungen. Als Kolumnist wollte er sein Brot verdienen; dabei war ihm die Terminarbeit einerseits eine Tortur, anderseits ein wichtiger Ansporn für sein Schaffen.

In einem seiner Plädoyers für die einfachen Leute und deren Freude an Schundromanen warnt er davor, von den «niederen Klassen» zu sprechen – damals tat man's offen, heute versteckt – womit man normalerweise Menschen «mit Ausnahme von uns selbst» meine. Der ganze Plunder dieser Sorte von Büchern, sagte er weiter, sei nichts als törichtes, gesundes Menschentum, und gewöhnliche Leute würden demzufolge stets zur Sentimentalität neigen.

In der *Verteidigung des Unsinns* lesen wir: «Dass wir den Unsinn als eine neue Literatur (man könnte fast sagen: als einen neuen Sinn) beanspruchen, wäre ganz unverantwortlich, wenn der Unsinn nichts anderes wäre als eine ästhetische Laune. Niemals ist ein erhaben künstlerisches Erzeugnis aus der reinen Kunst erblüht, ebensowenig wie etwas höchst Vernünftiges aus reiner Vernunft entstand.»[71]

Eine längere Stelle der *Verteidigung der ‹Posse›* (wie der Übersetzer ‹farce› wiedergibt) lautet:

> *Selbst den stillsten Menschen, der am ruhigsten dahinlebt, wird manchmal ein plötzlicher, blinder Hunger nach den Möglichkeiten und Unmöglichkeiten des Daseins anwandeln; er wird sich unvermittelt fragen, wie es wäre, wenn die Teekanne plötzlich Salzwasser oder Honig enthielte, wenn die Uhr auf alle Tagesstunden zugleich zeigte, wenn die Kerze grün, statt rot zu flammen begänne, und die Tür auf einen See oder ein Kartoffelfeld, statt auf eine Strasse sich öffnete. Wer von einer solchen namenlosen Anarchie[72] sich angeweht fühlt, den hat zeitweilig der Geist der Posse erfasst.*

Die Wichtigkeit des Närrischen in der Gesellschaft hat Bichsel in seiner Rede, die er 1981 beim Amtsantritt des Stadtschreiberamts Bergen-Enkheim hielt, am Beispiel von Goethes *Torquato Tasso* auf seine Art und Weise erläutert. Die Rede erhielt in der gedruckten Fassung den Titel *Hofnarren sind traurig*. Er sagte:

Ein Dichter ist ein Mann, den man am Hofe brauchen kann – brauchen für nichts, oder vielleicht nur dafür, dass man einen Leidenden am Hofe hat. Die romantische Tradition will auch, dass Clowns im Grunde genommen und privat Leidende und Traurige sind. Wer weiss, vielleicht hat man sich auch Hofnarren nicht als lustige, sondern als Traurige gehalten, als prominente Erfolglose, als solche, die sich ihr Geld mit dem Misslingen verdienen. Wo das Misslingen möglich wird, beginnt ein Teil der Freiheit.

Wir erinnern uns an die Kindergeschichte *Amerika gibt es nicht* und mit dem königlichen Hof in Spanien und den verschiedenen Narren, unter ihnen Colombin. Doch Bichsel lebt an keinem königlichen Hof Spaniens, sondern ist Bürger eines demokratisch gesinnten Landes mit sehr modernen Problemen – eines Landes mit einer ausgeprägten Kompromissbereitschaft, die den Künstlern seit jeher unsympathisch war – des Pluralismus und der Heterogenität, wo Eindeutigkeit der Gesinnung einen besonderen Wert bekommt. Bichsel hat sie zum mindesten in einer Beziehung. Er ist Sozialdemokrat und verficht die Ziele der Partei fast vorbehaltlos. Seine Beziehung zur Heimat aber ist, wie schon mehrmals erwähnt, mehr als ambivalent.

Die Basis für die Mehrzahl der Schweizer Dichtungen von Rang nach dem Zweiten Weltkrieg sind die Gefühle der Einschränkung und Beschränkung in einem engen, traditionsreichen Land und das Bedürfnis, aus einer solchen Gefangenschaft zu fliehen. Auch vor der Last der Vergangenheit. Denken wir an Frischs Roman *Stiller*, sein Stück *Andorra* und Dürrenmatts tragische Komödie *Der Besuch der alten Dame*, aber ebenfalls an andere Zeitkritiker wie Diggelmann (*Die Rechnung*) oder Häsler (*Das Boot ist voll*). Solche Abrechnungen waren etwas ganz anderes als das mit einem Lächeln gepaarte Stirnerunzeln Gottfried Kellers. Fremd ist dem Werk Bichsels sowohl vaterländischer Humor als auch der Hang zur Allegorik, wie er sich in den Darstellungen der Örtlichkeiten Güllen oder Andorra zeigte.

Seine Gestalten sind Narren und Phantasten wie «Der Erfinder» oder der Grossvater in der Erzählung *Onkel Jodok* der Kindergeschichten oder Angeber und Schwächlinge wie in den *Geschichten zur falschen Zeit*. Bei ihm lernen wir ganz gewöhnliche Menschen kennen.

Der Schweizer will es nie so ganz genau wissen
Dies ein Satz des Journalisten Peter Bichsel in einem Gespräch mit Frank A. Meyer aus dem Jahr 1987.

Der Physiker und philosophierende Schriftsteller Georg Christoph Lichtenberg erzählt in einem kurzen Fragment *Das Gastmahl der Journalisten*[73], wie er von einem Freund eingeladen worden sei, sich eine merkwürdige Zusammenkunft von deutschen Gelehrten und Zeitungsschreibern anzuschauen. Als jemand, der den «Seelen so gern in die Gesichter schaue, habe er die Einladung sogleich angenommen. Es sei ihm dann vorgekommen, jedes Glied «dieses Gerichts, das keinen weltlichen Richter» anerkenne, habe einen Heiligenschein um den Kopf, und er sei nicht sicher, ober er sich bei diesem Anblick an alte Stiche von den elf Aposteln erinnern dürfe.

Mit weniger Ironie beschreibt der Journalist Friedrich Sieburg (1893–1964, seit 1957 verantwortlicher Feuilletonchef der *FAZ*) die Eigenart dieses Berufs und führt das Dilemma des anspruchsvollen Journalismus ähnlich gut vor Augen, wie es Chesterton und Lichtenberg tun. In einem Artikel *Nur ein Journalist* argumentiert er (gegen die Definition Bismarcks, ein Journalist sei ein Mensch, der seinen Beruf verfehlt habe): «Wie sollte der seinen Beruf nicht verfehlt haben, der alle Berufe umfasst und eine Berufung hat!»[74] Vielseitigkeit also als Chance!

Bichsel besitzt nur für die wenigsten seiner Anhänger einen Heiligenschein; einige seiner Leser werfen ihm eher allzu vage Vielseitigkeit vor. Gleich nach dem eben verwendeten Zitat vom nicht allzu genau Wissen-Wollen folgt ein anderes vom Entscheidungszwang des gewöhnlichen Lebens und von der dem Schreiben inhärenten Freiheit. Nur beim Schreiben könne man unentschieden sein, sagt Bichsel. Das Gespräch schliesst mit den Worten: «Ich möchte der Schweiz keinen solchen Politiker wünschen, wie ich einer wäre, das wäre eine Katastrophe».

In der Tat sind einige Behauptungen wie früher erwähnte oder die in der Rede *Der Virus Reichtum* von 1987 (die Schweiz profitiere von der Existenz des Roten Kreuzes, wäre aber «heute absolut unfähig», so etwas [d.h. diese Idee] durchzusetzen) sehr anfechtbar. Solche Behauptungen passieren ihm, wie er sagt, aus dem Gefühl der Unsicherheit heraus. Ein routinierter Aphoristiker weiss, wo die Grenzen apodiktischer Aussagen sind.[75]

Bichsels hie und da gespielte Selbstsicherheit hat denn auch manche Hörer und Leser zweifeln lassen, ob man ihn wirklich als das Gewissen der Schweiz bezeichnen könne, wie das oft geschieht – oder ob seiner Politik (wie im *Weltwoche*-Artikel *Ein Schauspiel! Aber ach! Ein Schauspiel nur!* grundsätzlich zu misstrauen sei. Trotz der Achtung vor seiner praktischen Mitarbeit am Staatswesen wird eben jenes leichte Unbehagen nicht auszuräumen sein, das der Auslandsschweizer Kaspar Spinner in einem kurzen Essay pointiert zusammengefasst hat: «Ein Schweizer als Schweizer über Schweizer: Belehrung der Besserwisser durch den, der es besser weiss» (*Auskunft*, S. 65).

Schulmeisterliche Gefühle der Verärgerung erreichen die Ohren der anderen nicht selten larmoyant, was allerdings die durch den Ärger Betroffenen manchmal mitleidig stimmen mag. Ärgerlichkeit – Bergengruen bezeichnete ärgerliche Menschen das sei wiederholt als spiessig – kann den politisches Engagement auch schaden.

Im Nachwort zum keineswegs romanartigen Roman *Geschwister Tanner* (1983) lobt und beschreibt Bichsel die Person und den Autor Robert Walser als ihm verwandt und bezeichnet dabei das Wort ‹möglich› als Schlüsselwort für die Dichtung; Bichsel sagt, das Wort bezeichne mehr als Möglichkeit im Sinne von etwas Konjunktivischem: gleichsam eine höfliche Anfrage, ob man überhaupt anwesend sei (S. 334).

Das klingt in diesem ungewöhnlich sachlichen Nachwort weit hergeholt und könnte zur vielleicht ebenso gewagten

Frage verleiten, ob das Schlüsselwort für Bichsel jenes Partikel ‹eigentlich› sei, das seine erste bahnbrechende Publikation eröffnete – das Partikel, wohlverstanden, nicht das Adjektiv oder gar das Substantiv ‹Eigentlichkeit›. (Welche Ironie der Geschichte übrigens: Im gleichen Jahr 1964, als die Milchmanngeschichten erschienen, wurde auch Theodor Adornos Schrift *Jargon der Eigentlichkeit* mit all den Invektiven gegen Heidegger und andere «antiintellektuelle Intellektuelle» verlegt).

Weder Adjektiv noch Adverb und Partikel ‹eigentlich› passen zu Texten stilistisch anspruchsvoller Autoren. Der Ausdruck wirkt unverbindlich-umgangssprachlich und spielt mit zahlreichen verschiedenen Bedeutungen[76] wie ‹in Wirklichkeit›, ‹ursprünglich› und kann dem Bedürfnis eines scheinbar anspruchslosen, «bescheidenen» oder schlauen Autors sehr entgegenkommen, sich um eine Begründung für eine Aussage zu drücken. Ob Frau Blum tatsächlich den Milchmann kennenlernen wollte, lässt der Erzähler gern offen.

In Anlehnung an Hermann Burgers früher erwähnte Sprachanalyse der Kindergeschichten darf man vielleicht in Bichsels Œuvre von einer unüberwindlichen fruchtbaren Spannung zwischen dem grossen Mitteilungsbedürfnis des Autors und dem andersgearteten, ähnlich grossen poetischen Bedürfnis sprechen, sich unkonventionell auszudrücken. Damit wird die herzlich gewünschte Verständigung des Mitbürgers Bichsel mit seinesgleichen selbstverständlich erschwert.

In einer Art Nachruf auf den ihm und vermutlich den meisten andern Lesern unbekannten Max Meuschke in den *Geschichten* – Bichsel hatte eine Todesanzeige mit dem Nachsatz «er war ein wackerer Mann» in einer deutschen Zeitung gelesen – schreibt er, Meuschke sei vielleicht ein Niemand gewesen, und er habe sicher ein Recht gehabt, ein solcher zu sein. Und dann: «Grösse ist so oder so eine Schweinerei, die Grösse der Reichen und die Grösse der Armen.» Der Satz widerspricht stilistisch Bichsels üblicher Zurückhaltung im Ausdruck; seltene und sehr kurze Ausbrüche ins Unproportionierte machen die allgemeine Haltung glaubwürdiger und lassen nie den Eindruck des Hochstilisierten aufkommen. Der Abschnitt schliesst mit einem Ausblick auf den trotz allem «ehrenwerten» Durchschnittsmenschen:

> *Vielleicht war Max Meuschke wirklich nichts anderes als ein elender wackerer Soldat oder einer, der seine Ausbeutung wacker verkraftete, einer, der nicht klagte, einer, der nicht weinte, einer, der nicht darauf aus war, glücklich zu sein.*

V. ANMERKUNGEN

1 Bichsel als Repräsentant der Schweiz: Ich denke u. a. an eine faszinierende Vorlesung im Bryn Mawr College 1972, andererseits an seine z. T. peinlichen Äusserungen während eines Podiumsgesprächs zum Fall Maron, das im August 1995 anlässlich der Tagung des Internationen Germanistenverbands in Vancouver stattfand.

2 Persönliche Reminiszenzen passen zwar nicht zum Vorsatz, eine einigermassen objektive Monographie zu schreiben. Trotzdem – Widmungen wie die im Exemplar meiner Milchmanngeschichten anlässlich unserer ersten Begegnung in Trogen und spätere ähnliche Sympathiebezeugungen, vor allem aber die geradezu enthusiastische Reaktion auf die Erstausgabe meiner Monographie (der Brief liegt jetzt im SLA) stehen in krassem Gegensatz zu den jüngsten negativen Äusserungen und dem Versuch, die (ihm unbekannte) Publikation meiner neubearbeiteten Monographie zu verhindern; Resultat einer Laune oder einfach einer leider nie offen ausgesprochenen nachträglichen Missachtung meiner Bemühungen?

3 Meine Sammlung (ich habe sie 1983 der SLB geschenkt; die Sammlung ist vom SLA aber leider erst geordnet worden, nicht wirklich erschlossen; bis die Frage gelöst ist, ob die Sammlung besser durch die ZB Solothurn betreut werde, bleiben einige neu erworbene Dokumente bei mir) enthält ausser der Vorform einer Kindergeschichte und Beispielen von in anderen Bibliographien nicht registrierten fremdsprachigen Kommentaren neuerdings: 1. einen Auszug aus der Datenbank zu den Tondokumenten mit P. B. sowie der Archive von Schweizer Radio DRS seit 1983; sie scheint mit wichtig: Mündliche Mitteilungen besitzen für Bichsel nach seiner Ansicht oft einen grösseren Wert als schriftliche. Auf die fast unzähligen Beiträge kann ich im Haupttext, in den Anmerkungen oder im LV selbstverständlich nicht im einzelnen eingehen. Entsprechende Informationen des Fernsehens fehlen mir vorläufig, könnten aber vielleicht später ergänzt werden. 2. eine Liste der durch Pro Helvetia unterstützten Lesungen und Vorträge im Ausland 1984–96 (spätere Tourneen werden in den folgenden Tätigkeitsberichten der Pro Helvetia registriert sein). Ergänzungen zu den in meiner Zeittafel nicht erwähnten Reisen Bichsels scheinen mir nötig, um zu belegen, dass man bei ihm auch an den Weltreisenden, nicht nur an den Beizenhocker und

Einzelgänger denken darf. Darum seien hier einige weitere Reisen genannt; vgl. dazu die folgenden Radio-Reportagen im LV zu: Teilnahme an der durch Pro Helvetia unterstützten Veranstaltung «Schweizer Szene» im Sept. – Nov. 1984 für 3 norddt. Städte; Lesung an der Volkshochschule Ulm am 10.11.1985; Buchvorstellung und Lesung anlässlich der Übersetzung der *Kindergeschichten* ins Italienische am 7.11.1986 in Mailand; Vorträge und Lesetournee in Malmö, Göteborg, Stockhom, Linköping, Turku, Helsinki, Tampere, Bergen, Oslo 29.10.–12.11.1987; Vortrags- und Lesetournee im Zusammenhang mit der Association pour le développement de l'enseignement de l'allemand en France in Mulhouse, Colmar, Strassbourg 3.5.1988; Eröffnungsvortrag am Kongress der niederländischen Deutslehrer sowie anschliessende Lesetournee an d. Deutschabteilungen verschiedener Universitäten (Luteren, Amsterdam, Den Haag) 26.1.–22. 1989; Vortrags- und Lesetournee im Anschluss an die Veranstaltung «Incontri con l'autore» in Rom, Turin, Mailand, 14.–22.3.1989; Lesung am 8.11.1989 aus Anlass des 20jährigen Jubiläums der Literaturzeitschrift *Wespennest* in Wien; Teilnahme an Literaturtagen in Staufen i. Breisgau und an der Volkshochschule Herrenberg zum Thema «Sprache sprengt Grenzen» etc. im Sept. 1989; Vortrags- und Lesetournee im Anschluss an die Jahreskonferenz (dort Lesung und Workshop) der AATG (Deutschlehrervereinigung i. USA) in Nashville vom 6.–30.11.1990; Vorlesung an der City University of New York im Frühjahr 1992; Tournee in Portugal mit Ruth K. Huber (Lissabon, Coimbra, Porto) 28.2.–13.3.1993; Lesung in der Autorenbuchhandlung Berlin 10.3.1993; Lesung und Vorträge in den Universitäten in Brüssel und Den Haag 4.–6.5.1993; Symposium littéraire «Thirty Years of Literary Research in Europe» 22.–26.9.1993 in Prag; Teilnahme am 9. Kongress der IVG (Intern. Germanistenver.) in Vancouver 13.–18.8.1995; Lesung im Literaturhaus Hamburg 2.11.1995; Vortrags- und Lesereise an Universitäten und Goethe-Instituten in Dublin, Cork, Galway anlässlich der Jahrestagung des irischen Deutschlehrerverbandes 13.–19.11.1995.

4   Heinz Schafroth differenziert im Nachwort zum Reclambändchen *Stockwerke* S. 77 (LV): «Einerseits ist Bichsel zweifellos eine Instanz, eine Art praeceptor patriae geworden. Andereseits ebensosehr der verhasste Exponent der kritischen Opposition».

5   Bexel, Skandinavien: Richters Anrede ‹Bixel› siehe, wie auch für die folgenden Anmerkungen das Literaturverzeichnis. Im

Gespräch mit Hugi 1982 bezieht sich Bichsel auf die Legende des schwedischen Ursprungs und sagt, er würde sich dort nicht wohl fühlen, weil es zuwenig Beizen gebe. Sein Vater habe gefragt, wie man überhaupt in einem solchen Lande leben könne. In einer der ersten relevanten Besprechungen (Petersen, 1965) heisst es, Norwegen komme einem in den Sinn, Ibsen mit den Lebenslügen, die kleinen Städte mit ihrer Klatschsucht (S. 593).

6 Jurafrage, Separatismus: Siehe Bichsels *Weltwoche*-Artikel vom 27.8.65, 18.10.1968 (zur Befehlsverweigerung eines Korporals, bei Übungen während der Unruhen im Jura, scharfe Munition zu fassen) u. 8.11.68. Über Sonntagsspaziergänge mit Ritschard z. B. sein Artikel im Sammelband über R. (1983, in der SI mit Bild), ferner Interview mit Haider 1976.

7 Mutter u. Vater: Rede in Boldern Nov. 1979, gedruckt in *Reformatio* 1980 (LV). Die Französischkenntnisse der Mutter: Vortrag über Fremdsprachen (1980, S. 80). Ihr Pessimismus («Glück im Unglück»): P. S. Jan. 1983 der SI. Der Vater über das Aufgeben der eigenen Werkstatt in: Rede fur Frau Huss, Frankfurt 1983 S. 2; dass der Vater die Malerwerkstatt aufgab, hatte noch andere Gründe. Reminiszenz in Ceylon: *Geschichten* S. 147; seine Religiosität: *Reformatio* S. 146 f.; Pläne, Missionar zu werden: «Geschichten» S. 157. Vgl. auch Interview mit Hugi 1982 (der Vater gehe nur in Gasthäuser, um zu essen). Er blieb bis ins Alter ausserordentlich sportlich, nahm auch 1984 noch am Engadiner Marathonlauf teil.

8 Grosseltern: Bichsels Vater sagt von der Grossmutter Lina Bieri-Schär, der Frau des Bäckermeisters, und von Otto Bichsel, dem Werkführer, sie hätten gut schreiben können. Die Kolumne *Mein gerechter Grossvater* (1993) in der Sammlung *Briefträger* bezieht sich wohl auf Hans Bieri-Schär aus Huttwil.

9 Lehrer Hasler: *Die feurigen Augen m. Primarlehrers. Mit Tell leben* 1971, S.185; Vortrag 1979 (*Erfahrungen beim Fremdsprachenlernen*, Druck 1980, S. 86); *Geschichten* S. 104, 136; Schreibangst, Toleranz im Hinblick auf Orthographiefehler: *Der Leser* S. 32 f.

10 Konfirmation 1951. Er erhielt (von Pfarrer Ernst Hasler) den Spruch 1. Mose 28,15: «Und siehe, ich bin mit dir, und will dich behüten, wo du hinziehst [...].

11 Gfenner Nacht: Seit mehreren Jahren war die Gfenner Osternacht zur Tradition geworden: Ein Fackelzug auf dem Kreuzweg

von der Kirche Wil in Dübendorf zur romanischen Lazariterkirche im Gfenn östlich von Dübendorf. Die Lichter sollen ein Symbol für das Osterlicht sein. 1980 wurde die Feier im Hinblick auf den Eidgenössischen Buss- und Bettag begangen. Thema war «beheimatete Kirche – gefangene Kirche?» Nach verschiedenen kurzen Ansprachen auf dem Stationenweg und Lesungen in der Kirche hielt Bichsel die Predigt. Diskutiert wurde anschliessend auch über das Problem Kirche und Armee.

12   Bichsel kommentiert 1969 im Sonntagsjournal der *Zürcher Woche* (s. LV) im Anschluss an einen allgemeinen Beitrag den Fall des deutschen Hauptmanns Matthias Defregger, der 1941 17 italienische Partisanen hatte erschiessen lassen; nach dem Krieg bereute Defregger und wollte, dazumal Weihbischof, die Hinterbliebenen um Verzeihung bitten. Bichsel erinnert sich an eigene Erfahrungen im Militärdienst, an die Begegnung mit Maschinenpistolen tragende Soldaten in Prag, an das Dilemma Gehorsam / Menschlichkeit etc.

13   Zur Teilnemerliste etc. s. auch *Autoren im Haus*, Hg. Walter Höllerer, Berlin-Wannsee 1980.

14   «Und so fort» (als Ergänzung zu den in Anmerkung 3 und sonstwo genannten Reisen): Im Sommer-Semester 1980 unterrichtete er an der Universität Essen, 1981 u. 1983 an der Journalistenschule des Verlags Ringier in Zürich. Im Nov. 1982 las er an verschiedenen Orten in Portugal, ebenfalls unterstützt von der Stiftung Pro Helvetia. Im Frühjahr 1983 erhielt er von derselben Stiftung einen «vollen literarischen Auftrag» (sein Plan, Erzählungen «Die schöne Magelone» zu schreiben) und wurde von ihr auch, mit dem Goethe-Institut zusammen, für die Vortragsreise Griechenland und Ägypten unterstützt. Eine kurze Andeutung über die Reise gibt es in der Glosse über Sehenswürdigkeiten i.d. *Wewo* 5.4.84.

15   Kein Reiseschriftsteller: Vgl. das Interview mit J. Baier 1982, S. 55. («Ich brauche nicht 'rumzureisen und zu beobachten, um schreiben zu können. Was es an Leben gibt, das gibt es auch bei mir zu Hause.»)

16   Zu den ergreifendsten Dokumenten der Beziehung Bichsel-Frisch gehört meines Erachtens weniger die Ansprache vom 9. April 1991 an die Trauergemeinde in der Kirche St. Peter in Zürich – ein Medienereignis – als die Bemerkungen und Bildkommentare in der Dezembernummer 1991 der Zeitschrift «Du».

Hervorzuheben ist besonders die Miniaturgeschichte (dat. 60) über Frischs Lausbubenfreude, wenn er sich zum Schwimmen anschickte; Schwimmen sei für ihn «das andere» gewesen (wie New York oder Berlin).

17 Film *Unser Lehrer*: Verschiedene Stimmen werden in der *Schweizer Lehrerzeitung* registriert (23.9., 28.10. u. vor allem 18.11.71), ausserdem sehr viele im TA; am 3. Sept. beklagte dort Lehrer Andres Schmid die Verzerrung, am 13. Sept. folgten weitere Angriffe; aufschlussreicher war später das Gespräch zwischen Hans-Rudolf Haller, Seiler und Bichsel (*TA*: 12.11.71). Hier wie früher nahm Bichsel auf das eine Zeitlang Aufsehen erregende Modell Summerhill Bezug. In der Oktobernummer des *Schweizer Spiegels* meint der Rezensent, Bichsels Kritik verliere sich in «Manierismus, der sich kritisch» gebe.

18 St. Gerold: Pater Nathanael Wirth OSB hat mir freundlicherweise berichtet, wie Bichsel sich offenbar in St. Gerold sehr wohl gefühlt habe, wie viel diskutiert wurde, unter anderm über das Problem der Ehe, die Bichsel durch ein einleuchtendes Gleichnis verteidigt habe (sanfter Zwang, den man auch beim Füttern der Ziegen brauche). Er habe im Restaurationsbetrieb tüchtig Hand angelegt, sich allerdings wegen der interessanten Diskussionen nicht immer aufs Abwaschen konzentrieren können. Während eines späteren Aufenthalts habe er sowohl bei der Frühmesse wie im Hauptgottesdienst gepredigt. 1980 sei seine Frau in einem Stück von Ernst Burren in St. Gerold aufgetreten.

19 Medien-Kommentare: Die wichtigsten Sendungen stehen im Verzeichnis im LV. Hier nur wenige Ergänzungen: Das Schweizer Fernsehen kommentierte, neben kurzen Hinweisen auf das Stadtschreiberamt, am 10.9.81 in der Reihe *Schauplatz* das Ereignis, das Radio kommentierte am 8.6.82 durch ein Gespräch und am 5.8.82 durch Beantwortung von Hörerfragen.

20 Rundschreiben zur Sendung *Das prom. Mikrophon*: nicht veröffentlicht. Heiko Strech ging (unter dem Titel *Urhelvetischer Kritiker*, TA 9.6.81) wohlwollend auf die Sendung ein.

21 Im Gespräch mit David Ward gesteht B., dass er die eindeutig mundartlich gedachten «Zytlupe»-Beiträge leider zuerst schriftdeutsch aufgeschrieben habe.

22 Fassbind: *Von aller Welt geehrt*, Einsiedeln 1948, S. 268. Vgl. meine Glosse zur Situation der neuesten Schweizer Literatur im *Merkur* Nr. 116 mit dem Titel *Kurze Startbahnen*.

23 Plötzlich im Rampenlicht: In N. Sarrautes Roman *Les Fruits d'Or* (1963) scharen sich die Lesegierigen um ein Kunstprodukt, statt in saftige Äpfel zu beissen, wie es Nichtliteraten tun (S. 116). Hinweise auf diese Pionierin des Nouveau Roman scheinen mir, auch später durch die im Anhang zitierte Besprechung V. Kafkas, nicht abwegig; N. Sarraute hat einen ähnlich wachen Sinn für die Bedeutung der Klischees und die Spannung Kind-Erwachsenenwelt wie Bichsel.

24 Höllerers Lob B.s (an Walter) im Verlagsbericht *Zum Thema Peter Bichsel* S. l.; vgl. Literaturverzeichnis.

25 In den Rezensionen des *Gästehauses* wird die Leistung Bichsels mehrfach hervorgehoben, so von Peter H. Neumann (*FAZ*, 26.2.66); andererseits wird auch eine mögliche Anlehnung an Frischs *Gantenbein* gesehen (Lucie Schauer über Rundfunklesung: *Die Welt* 13.2.65). Vgl. ausserdem Karl O. Conrady in der *Zeit* vom 8.4. und Peter Kliemann (*Aus dem Treibhaus*) i.d. *Welt* vom 1.4.66.

26 B.s Freude an d. Kritik Nonnemanns: Vgl. den Brief Bichsels vom 14.8.63 an Walter.

27 Walter: *Wie ich P. B. kennenlernte*. In: *AUSKUNFT* 1984. Über das erste Zusammentreffen im Verlag in Olten u. über seine Unterhaltung (in d. Kutsche in Interlaken) mit Reich-Ranicki.

28 Rilketöne i. d. Milchmanngeschichten: Werner Weber rügt einige sprachliche Unstimmigkeiten, z. B. das «linkisch gewichtige» ‹besass› im Satz «Sie besass ein rotes Portemonnaie» mit der Fortsetzung «wie nur jungen Frauen ein Portemonnaie gehören kann», was in der Preislage von «und dennoch sagt der viel, der Portemonnaie sagt» stehe – Bichsel nennt im Brief an den Verlag vom 6.9.65 die Änderungen für die Neuauflage.

29 Missbehagen B.s gegenüber den Milchmanngeschichten: Gespräch mit Bussmann 1972, S. 245.

30 G.K. Chesterton: *Verteidigung der Tageszeitungen*. In: *Verteidigung des Unsinns, der Kriminalromane, der Demut u. anderer missachteter Dinge*, Zürich 1969, S. 127 (Übersetzung der Neuausgabe (1969) *The Defendant*, [1901]).

31 Frau Blum und Milchmannmotiv: Über das Gedicht *Anna Blume* v. Schwitters i. Interview mit G. Lindemann, *NDR* 1982. Scholem Alejchem, *Tewje der Milchmann*, 1892, seit 1964 weltbekannt i.d. Version *The Fiddler on the Roof*. Wilder, *Unsere kleine Stadt* (1938 *Our Town*), deutsche Erstaufführung 1939. Bichsel kennt das

Stück. Wichtiger aber sind für ihn Dylan Thomas i. allgemeinen u. Hörspiel u. d. Stück *Unter dem Milchwald* (1954) im besonderen. Nonnemann hat den Namen Blum in seinem Gutachten (1963) wegen der Nachbarschaft zu Härtlings *Palmström grüsst Anna Blume* (1961) beiläufig in Frage gestellt. Ein andermal kritisiert er (bewundernd) *Die Löwen*, rühmt den Satz «Nun hatten alle ein Stück Grossvater»; dann: «So unwichtig das den Laien erscheinen mag, vor Boehlich und dem lieben Gott wiegt das schwer.» Dies ein kleines Beispiel seiner geistreichen Bemerkungen.

32 Kurzgeschichten: Bemerkt wird z. B. eine ausgesprochen zeitintensive, nicht -extensive Darstellung des Geschehens oder – und das ist wieder wichtiger für d. Verständnis B.s – ein vom Ursprungsland der Short Story Amerika erklärbare demokratische Gegenwartsbezogenheit und eine darin begründete Vorliebe fur die Umgangssprache (Durzak S. 307). Durzak hat ausserdem auf den Sinn dieser Autoren für «verdeckte Ängste» u. den scheinbaren Mangel an Tiefe hingewiesen (S.308).

33 Zu den Reaktionen auf die vier Milchmanngeschichten in Sigtuna s. Zitate Fredrik Benzingers in: *Die Tagung der ‹Gruppe 47› in Schweden 1964* (1983) S. 68: u. a. von Hans Mayer (die Sprache habe «eine wunderbare Musikalität», ferner die Beurteilung durch W. Jens im Interview Jens-Benzinger («dieses graziös Spielerische», «diese Art Mozartschen Ernstes»; ausserdem Hinweise auf negativere Reaktionen in Schweden S. 96, 111. Vgl. auch Reich-Ranicki, *Das Barometer von Sigtuna,* in: *Literarisches Leben in Deutschland,* München 1994, S. 224.

34 ‹Kiesinger› (statt ‹Kieninger›) in verschiedenen Vorlesungen, u. a. in Princeton (Sendung im *WDR* 20.5.1966). Änderung des Namens aus politischen Gründen. Darüber, mit dem lustigen Gegenvorschlag eines Vertreters (‹Kniesinger›), mehr im Brief O.F. Walter an Bichsel 7.12.1966. Kurt Georg Kiesinger war 1958–1966 Ministerpräsident von Baden-Württemberg, 1961–1969 Bundeskanzler. Angefochten vor allem von der APO. Zur Figur allgemein: Monika Nejedlá in ihrer Dissertation 1976, S. 87 (die Fragestellung sei nicht, was mit Kieninger geschehe, sondern was mit dem Wort ‹Kieninger› geschehe). Susanne Steiner (*Schreiben im Dazwischen-Sein,* 1982, S. 20) wagt biographische Schlüsse: Kieninger habe den gleichen Jahrgang 1935 wie Bichsel, und dieser sei ebenfalls in Tarragona gewesen, in der Gesell-

schaft seiner Klassenkameraden, und es gebe sogar eine «innerliche Nähe»: «Bichsel wirkt so gut bescheiden wie arrogant, grobschlächtig wie feinfühlig, gelehrt oder unbegabt, unappetitlich oder gepflegt, scheu und doch oft flegelhaft.»
35 Zum Hörspiel *Inhaltsangabe d. L.* s. immerhin die kurzen Kommentare i. d. Süddeutschen Zeitung vom 15.3.3.1974 und i. d. Frankfurter Rundschau vom 5.8.1976.
36 G. Steins Erzählung *The World is round* mit dem rundherum geschriebenen, häufig zitierten Motto «A Rose is a Rose is a Rose» hat eine ganz andere Bedeutung als Bichsels Geschichte vom alten Mann, der aus der Welt der Wiederholungen ausbrechen möchte.
37 Im Manuskript der Kindergeschichte *Die Erde ist rund*, dessen erste Seite im Begleitheft zur Ausstellung i. Frankfurt 1982 abgebildet ist, folgt nach dem S. 48 oben zitierten Satz («In der Sahara gibt es Sand») ein von der endgültigen Fassung abweichender Text [die Schreibweise habe ich nicht geändert]:

Gesehen hat er das aber nie. Vielleicht lügen alle. Vielleicht sind die Filme über die Sahara Trickfilme, vielleicht gibt es die Sahara gar nicht. Vielleicht gibt es zum Beispiel Amerika nicht. Vielleicht ist das mit Amerika so, dass wenn jemand dahinfahren will mit dem Zug und dem Schiff, dass dann plötzlich der Kapitän kommt und einen beiseite winkt und einem sagt: «Hören sie mal, ich muss ihnen was sagen, Amerika gibt es gar nicht, dieser Columbus war ein grosser Spassmacher, Hofnarr beim spanischen König, der hat das mit Amerika nur erfunden, und bis jetzt hat ihn keiner verraten – gehn Sie doch nach Australien oder nach Afrika, das gibt es nämlich – und wenn sie später mal nach Europa zurückkommen, dann erzählen sie den Leuten all die Geschichten, die man ihnen auch erzählt hat – von Indianern, von Cowboys, von Wolkenkratzern. Bitte seien Sie kein Spielverderber, bis jetzt haben alle – stellen sie sich vor – alle seit Kolumbus, alle haben mitgemacht, keiner hat sich was anmerken lassen.»

Unser Mann war nämlich noch nie in Amerika gewesen, und es fiel ihm auf, dass wenn sich zwei begegneten, die in Amerika waren, dass die sich zublinzelten und dass sie nie sagten: «Amerika», sondern immer etwas undeutliches von «Drüben» oder «Staaten» oder so.

Der Mann wusste also ganz genau, dass es Amerika gibt, er hatte Bilder gesehen. Aber eben, er wusste es nur. Und dass er es nur wusste, das ärgerte ihn und gab ihm zu denken, so sehr zu denken, dass er sich setzen musste, und er setzte sich und begann noch einmal ganz langsam von vorne:

Die Leute, die sagen, sie seien in Amerika gewesen, behaupten es gäbe Amerika – also muss es Amerika geben, oder die Leute, die sagen, es gäbe Amerika, wären alles Schwindler oder Spassvögel.
Unter diesen Schwindlern dürfte es keinen einzigen Verräter geben, sonst wäre der Spass plötzlich aus.
Jetzt gibt es aber Leute, die bleiben einige Wochen oder gar Jahre in Amerika – also muss es irgendwo ein Land geben, wo all die sind, die später behaupten, in Amerika gewesen zu sein.
Es wurde immer komplizierter, und der Mann musste jetzt, um besser denken zu können, seinen Kopf mit den Händen stützen und die Augen mit den Fingern decken. Er dachte weiter: Man sieht Fotografien von Amerika: die Freiheitsstatue, die Niagarafälle, den Colorado, den Mississippi. Also muss es ein Land geben, in dem es diese Dinge gibt, damit man sie fotografieren kann, damit man sich davorstellen kann, damit man später beweisen kann, dass man in Amerika war.
Es muss also ein Land geben, das genau so aussieht, wie sich die Leute Amerika vorstellen. Ein Land also, in dem alles drin ist, was in Amerika drin sein müsste.
Ein Land, das so tut, als wäre es Amerika. Und die Leute, die dieses Land besuchen, müssten so tun, als wären sie in Amerika. Und es müsste in diesem Land grosse Schulen geben, in die alle Leute gehen müssen. In diesen Schulen würde dann dafür gesorgt, dass alle Leute zu Hause dasselbe über Amerika sagen.
Kolumbus, der Hofnarr des spanischen Königs, hat die Geschichte erfunden. Man hat ihn immer ausgelacht, weil er klein und schwächlich war, und es gab am Hof des spanischen Königs sehr viele Seeleute, Kapitäne und Steuermänner, Matrosen und Schiffsköche, und wenn die den kleinen Kolumbus auslachten, rief er «Wartet nur, ich entdecke ein Land!»
Und eines Tages zog er los, versteckte sich für ein paar Wochen im Wald, kam zurück und sagte: «Ich habe weit draussen im Meer ein Land entdeckt.»
Niemand wollte das glauben, aber zum Spass feierte man den kleinen Kolumbus, und ein Kapitän, der bei der Feier war, versprach, er wolle das Land suchen. Er wolle zurückkommen und melden, ob die Geschichte wahr sei.
Der Mann war ein berühmter Kapitän, ein Italiener, er hiess Americo Vespucci und der kleine närrische Columbus fürchtete sich sehr, denn er wusste genau, dass seine Geschichte gelogen war. Nach Wochen kam Americo Vespucci zurück. Der König rief den ganzen Hof zusammen. Es

war sehr still, und Kolumbus zitterte vor Angst. Da blinzelte der Americo Vespucci dem kleinen Columbus zu und rief: «Das Land gibt es, ich habe es gesehn.» Kolumbus aber freute sich, dass der Kapitän ihn nicht verraten hatte. Er lief auf ihn zu, umarmte ihn und rief unter Freudentränen immer wieder: «Americo, Americo» und die Leute meinten, das sei der Name des Landes, und nannten von nun an das Land, das es nicht gibt, Amerika.

38 Das Adjektiv ‹albern› ist eine verdunkelte Zusammensetzung, so die *Duden*-Etymologie, von ‹all› und dem untergegangenen Adjektiv *uāri = ‹freundlich›, ‹hold›, ‹gütig› und bedeutet demnach ursprünglich ‹ganz freundlich›. Möglich ist die Verwandtschaft mti dem Stamm von ‹Wirt›, womit wir der Lebensatmosphäre des Autors näher kämen.

39 Zum Spielerischen im Umgang mit der Sprache, vgl. Alfred Liede: *Dichtung als Spiel. Studien zur Unsinnspoesie u. d. Grenzen der Sprache*. 2 Bde., Berlin 1963.

40 Ein m. E. recht bezeichnendes Beispiel der Beurteilung der *Kindergeschichten* durch Experten der Jugendliteratur: Die österreichische Jugendschriftenkommission stellte fest: «Die sprachliche Kraft dieser tiefsinnigen Geschichten steht ausser Zweifel. Im Grunde genommen sind sie aber so geschaffen, wie sich erwachsene Literaten vorstellen, dass Kindergeschichten beschaffen sein sollen. Die Geschichten auszuloten, setzt grosse Reife voraus, dass sie naiv mit Begeisterung von Kindern gelesen werden könnten, dazu sind sie wohl nicht lustig und spannend genug.»

41 Vergleiche: Die mit Hebel und Walser liegen auf der Hand; B. selbst hat u. a. in einer Vorlesung in Zürich von ihnen gesprochen (*TA* 23.3.67) und 1983 einen Essay über Walser geschrieben. Von den Vergleichen mit Ionesco nenne ich lediglich die Besprechung der *Kindergeschichten* von Rambures 1971, von denen mit G. Stein TLS (*Jahreszeiten*) und Wallmann (*Kindergeschichten*). Im Gespräch mit G. Lindemann sagte Bichsel, Mörikes Gedicht *Im Frühling* sei ihm das liebste Gedicht. S. auch meine weiteren Nachträge 1998.

42 Zur Rezeption der *Kindergeschichten* sei ergänzend auf V. Kafkas Kommentar zu den tschechischen Proben in der Zeitschrift *Světová literatura* (1983) verwiesen. «Einer der wichtigsten Züge ist das Neue der Sprache», schreibt er am Anfang. «Ein Kind macht sich mit Dingen durch die Sprache bekannt, Wörter schliessen sie ihm auf, und jede neue Beziehung wird zu einem Schlüssel,

den es unermüdlich immer wieder gebraucht. Typisch für das Verhalten des Kindes ist auch das Fragen; nichts wird als selbstverständlich genommen, nichts ist gegeben, nichts steht ausser Zweifel. Diese Fähigkeit, ständig zu fragen, ist für die Kindheit so bezeichnend, dass Bichsel das Erwachsensein durch ihren Verlust definiert. [...] das Kind [...] fragt nicht, ob sein Tun Sinn und Nutzen hat.» (Die Übersetzung verdanke ich Milena Fischer.). – Einen Hinweis verdient ebenfalls die Übersetzung von «Ein Tisch ist ein Tisch» in einer chinesischen Zeitschrift (1982) mit dem kurzen Kommentar, in der westlichen Gesellschaft seien die alten Leute offenbar besonders einsam; nur als Ausnahmefall erwähnenswert ist die parodistisch angelegte Polemik Paul Wagners «Eigentlich sollte Herr P. seine Kindergärtnerin kennenlernen» (1972). Wagner möchte recht simpel psychologisierend, Bichsels Geschichten als Verdrängungen interpretieren

43 Die Reaktion auf den *Busant* war häufig eine hinter vagem Wohlwollen versteckte Ratlosigkeit (Ausnahme P. Utz in *SMH* u. a. mit einer prägnanten zusammenfassenden Interpretation des ersten Buchtextes). Bei den etwa 1980 einsetzenden Lesungen aus der Titelgeschichte täuschte die Sympathie für den Lesenden noch manche über das Unverständnis hinweg. In der Berliner Akademie der Künste verglich der Berichterstatter des *Tagesspiegels* (5.11.1980) Bichsel gar mit Gerold Späth. – Ein lokaler Erfolg war offenbar das durch Jean Racine inszenierte Spiel der Musik- und Theatergruppe «sine nomine» *Ja, so schön war es noch nie. Ein Spiel nach der Erzählung P. B.s Der Busant* im November 1995 im Restaurant «Kreuz» in Solothurn.

44 Rezensionen *Zur Stadt Paris*: Sie sind im *KLG*, allenfalls im Archiv des Suhrkampverlags leicht eruierbar oder werden es sein. Siehe allerdings die nirgends ausgewertete Radiosendung DRS vom 25.12.1993 *P. B. liest ‹24. Dezember› und andere Texte* (LV). Bichsel hat im Gespräch mit Hans U. Probst die Geschichten *24. Dezember, Lesebuchgeschichten, Mann mit Hut* kommentiert. Ich nenne nur 1. das Beispiel einer souverän-kritischen Rezension: E. Pulver i. d. *SMH* 73 (1993) S. 526–30 (B. schreibe immer noch faszinierend, aber zunehmend «eng», wichtig für Liebhaber poetologischer Finessen; allerdings irrt sie i. d. Behauptung, der Laden habe in Wirklichkeit «Stadt Paris» geheissen. In Langnau fehlte die Präposition nicht), 2. die Andeutung Iris Dennelers in ihrer allgemeinen Abhandlung («Gerade in der jüngst

entstandenen Prosa gelingt Bichsel diese Gratwanderung zwischen Geschichtenerfinden, Autorreflexion und Klischierung nicht immer», S. 372, s. LV) und 3. eine eindeutige Ablehnung als Ausnahme: Hans Ester spricht in der Zeitschrift *Deutsche Bücher* (1993/3, S. 190 f.) von einer Sackgasse.

45 Vom Kino her die politische Überzeugung: vgl. *Geschichten* S. 81, ausserdem Rede vor d. Journalisten in Zürich 1983 speziell im Hinblick auf die Filmtage in Solothurn seit 25 Jahren, s. *Im Gegenteil*, S. 143 ff.

46 K. Marti: *Das Geheimnis des Jazz* [1965]. In: *Grenzverkehr* (1976), S. 29. – Einige weitere Äusserungen B.s über Jazz: *Wieviel ertragen wir?* LNN 1979; *Das prominente Mikrophon* 1981; *Der Leser*, S. 84; *Zytlupe* Februar 1983.

47 S. die erwähnte 9. Antwort im Fragebogen des von P.A. Bloch hg. Bandes *Der Schriftsteller in unserer Zeit*, S. 147.

48 Peter Zeindler: hat im *Du* 1958/10, S. 86 f. ein interessantes Aperçu zur Bedeutung Oltens (mit Bemerkungen über Schriftsteller der «Gruppe Olten» wie Bichsel, dessen Geschichte *In Olten umsteigen*) mit einem Seitenblick auf Solothurn verfasst.

49 Hier einige (gekürzte) Stellen aus dem *Amtlichen Stenographischen Bulletin* der Bundesversammlung (Nationalrat) S. 245: Frage 13 (vom 9. März 1981): Fischer Hägglingen. Bestechlichkeit von Politikern [...]: «Im deutschen Magazin ‹Der Spiegel› vom 5.1.81 hat der Schriftsteller P. Bichsel einen wenig schmeichelhaften Artikel über die [...] Schweiz veröffentlicht. Unter anderem wirft er [...] seinen Politikern Bestechlichkeit vor. Wörtlich [‹...›]. Da P. Bichsel Berater eines Mitgliedes unserer Landesregierung ist und für seine Beratertätigkeit aus der Bundeskasse bezahlt wird, stellt sich die Frage, wie sich der Bundesrat zum Vorwurf der Bestechlichkeit unseres Staates und seiner Politiker stellt».

Bundesrat Ritschard: «Herr Fischer hat den Artikel von B. entweder überhaupt nicht gelesen oder dann nicht verstanden. Von Bestechlichkeit des Staates oder sogar seiner Beamten ist dort keine Rede. Was B. unter Bestechlichkeit versteht, ist die Bereitschaft der politischen Gruppen, von ihren Vorstellungen und Zielen abzurücken, damit im Prozess des politischen Gebens und Nehmens der tragfähige Kompromiss zustande kommt. B.s Analyse muss man nicht teilen. Sie geht dahin, dass Teile unserer Jugend zu dieser Form der Kompromisse kritisch eingestellt ist». [im übrigen gebe es kein Recht, einem Schriftsteller Zensuren zu erteilen»].

50 Zur Schwierigkeit der Zusammenarbeit Ritschard-Bichsel vgl. das Interview Naef im *SonntagsBlick* 1981. Bemerkenswert ist darin weniger die Boulevard-Presse-Frage, wie die, ob er seiner Frau treu sei («eigentlich ja»), der überspanntc Titel *Herr Bichsel, geben Sie Ritschard* [nicht ‹Herrn R.›] *den Laufpass?*

51 Hermann Burgers Kritik am Essay: *Des Schweizer Autors Schweiz. Max Frisch und P. B.s Technik der Kritik der Schweiz.* In: *Schweizer Monatshefte* 51/2 (1971), S. 753. Die meisten andern Rezensionen sind freundlich, so auch diejenige Urs Widmers in der *FAZ* vom 24.7.69; dabei gibt es allerdings überdurchschnittlich viele anonyme.

52 Enttäuschung über Effekthascherisches in *Das Ende der Schweizer Unschuld*: Gerd H. Padel fand darüber hinaus einige Formulierungen einfach unwahr: *Basler Zeitung* 8.1.81. Bissig die *NZZ*: «*Ritschard im Jammertal der Bundesfinanzen. Oder: Das Ende der Unschuld des Peter Bichsel*: 10./11.1.81. Bruno Knobel, *Lost Innocence* im *Nebelspalter* 24.2.81. Typisch für die Schweizer Mittelpresse wohl S. Siegrist im *Aargauer Tagblatt*, 4.2.1981.

53 Wenn man den Kontext von Blochers polemischem Titel vom 30.11.1995 der *Weltwoche* (1. Szene von Goethes Faustdichtung in allen drei Fassungen) berücksichtigt, erhält die Polemik noch grundsätzlichere Bedeutung. – Auf den Angriff folgte Anfang Dezember zunächst eine Karikatur zu diesem Vorfall, am 21. Dezember 1995 wurden unter dem Titel *Keifende Wut* mehrere Leserbriefe veröffentlicht; sie reichteten sich alle gegen Blocher. Nur die *Schweizer Woche* vom 13. Dezember verteidigte Blocher offiziell (inoffiziell: dem Vernehmen nach auch ein Redaktor der *Wewo*).

54 Zu B.s Lob der vom Parlament abgelehnten L. Uchtenhagen u. seiner Skepsis gegenüber dem gewählten O. Stich, dem «Glychlige», s. einen Leserbrief in der *NZZ* vom 8.9.1995

55 Rede vor SP-Delegierten in Bern 1984, Zitate gemäss *TA* 13.2.1984.

56 Helmut Hubacher in: *Sozialismus in der Schweiz?* (Pierre Aubert [...] im Gespräch mit Urs Haldimann) Basel 1979, S. 57 ff.

57 Der neugewählte Bundesrat Otto Stich über Bichsels Rede: *TA* 20.2.84 (Gespräch).

58 Vorlesung Schmitten: J. Bosshart, *Freiburger Nachrichten*, 10.3.1981.

59 «Die Bewältigung der Unschuld im Briefträger.» Ähnlich aus der Luft gegriffen die Quintessenz aus vagen Meinungsäusserungen über Menschliches und Geographisches in der Glosse *Der Atlas liegt vor mir:* «Der Golfkrieg jedenfalls wird in unserer Gegend immer noch als geographisches Ereignis betrachtet». (ebda. S. 48) Die Pressekommentare zu den Kolumnenbänden loben zur Hauptsache den gehobenen Journalistenstil. Selbst die lange Besprechung *Warum kommt dieser Kerl immer wieder zurück?* in der *WoZ* vom 22.12.1995 nennt trotz der Bemerkung im Vorspann «Die einen werfen Peter Bichsel vor, dass er mit seinen Texten nicht mehr überrasche, die anderen bezichtigen ihn der Falschheit und nennen ihn einen Schnörri» kaum triftige Einwände. Die Schlussbemerkung in Jürgen Jacobs' Rezension der *Schulmeistereien* (s.LV. Kolumnenbde), das neue Buch «könnte ihn bestenfalls der einen oder anderen Vereinigung als Jubiläumsredner empfehlen»), ist böswillig.

60 Ablehnung der *Geschichten*: W. Sedelnik, *Schwejcarija* (1981) mit der Behauptung, es handle sich um Kommentare zu seichten, unwesentlichen Begebenheiten, das Buch sei nur bemerkenswert als Zeugnis eines Übergangs bei einem talentierten Schriftsteller. Zitate daraus in den *Schweizer Monatsheften* 1983, S. 467. – Ayren, *Bichsels Misstrauen gegen Geschichten* [sic], *FAZ* 10.4.79; das Innenpolitische sei z.T. unverständlich, anderes belanglos.

61 N. Cybinski, *In diesem Lande ist das Leben lustig!* (Der Aphorismenband ist P. B. gewidmet), Lörrach 1982. Darin stehen einige Bichsel geistesverwandte Gedanken, z. B.: «Ein gesunder Geist in einem gesunden Körper? Eben davor graut mir». «Er machte grosse Kunst. Sie nannten es Kleinkunst.» Ronner hat übrigens in der *Schweizer Handelszeitung* vom 12.4.1984 als «Zitat der Woche» einen diesem Publikationsorgan sicher nicht ganz entsprechenden Gedanken Bichsels publizieren können: «Wachstum treibt die Leute auseinander, weil sie keinen Platz mehr nebeneinander haben».

62 Motto (zu Bussmann) in: *Was wäre, wenn,* Gespräch mit Rudolf Bussmann in: *Der Schriftsteller in unserer Zeit,* Bern 1972, S. 242; B. möchte nicht, dass der Leser sagt «wie schön und einmalig und erstmals sagt das doch der Dichter» (ebda.).

63 Frisch, *Öffentlichkeit a. P.* in: *GW* IV, S. 244 u. 249. Frisch scheint (später?) an andern Orten auch mehr an den Leser gedacht zu haben. In einem imaginären Interview zum Roman *Gantenbein*

mit dem Titel *Ich schreibe für Leser* (1964) antwortet er auf Frage 25: «Ich verlasse mich [...] auf den naiven Leser. Bevor er verstehen kann, muss der Leser mitmachen; nur der naive Leser kann das. Unterhaltung ist freilich nicht das Ziel, aber der Köder. Sie sehen: ich schreibe für Leser. O ja.» *GW V*, S.330.

64 Ong, *The Writer's Audience Is Always a Fiction PMLA* 90/1 (1975), S. 11. Ong kommt zu diesem Schluss im Zusammenhang mit reichhaltigen Beobachtungen zur antiken und mittelalterlichen Rhetorik, zum weltweiten Erfolg des Hemingway-Stils (Voraussetzung: Einverständnis d. Leser), zu Regeln der Rahmenerzählung etc.

65 Orthographie als Druckmittel: *Geschichten* S. 109; ferner *Schreiben ist nicht ohne Grund schwer* (1976).

66 Der besondere Tonfall bei den Reden, vgl. u. a. P. N. Trösch im *TA* vom 20.2.84 anlässlich des Vortrags vor den Parteidelegierten in Bern: «Was da alles mitschwang in dieser leisen Stimme, dieses Hoffen und Pochen auf Gemeinschaft in einer harten Zeit.»

67 Niederhauser in «Auskunft», S.89.

68 Lieblingslektüre: In den Mitarbeiter-Vorschlägen der *Wewo* vom 20.12.1984 schlägt B. *Die allertraurigste Geschichte* (1962) von Ford Madox Ford vor. Über Goethe z. B. «Hofnarren sind traurig» (*Tasso*) 1981; Interviews mit Bucher (*Wahlverwandtschaften*) 1970 und Gaus (*Politisches*) 1982; *Der Leser* S. 16 (*Wanderjahre*, von Joyce aus gesehen). – Über Joyce ausserdem: *Von der Buchmesse zurück* 1969, *Der Leser*, 4. Vorlesung *Joyce zum Beispiel*; über Michaux, ausser im früher zitierten Nachwort zu Vold 1968, S. 74: Buchbesprechung *ZW* 1966; Gespräch Bussmann 1971, S. 34; Dankesrede Bern 1979; Jean Paul: Beitrag zum «Wutz»-Band des Inselverlags (1984).

69 Frederik R. Karl: *Joseph Conrad: The three Lives,* New York 1979.

70 Dieter Baackes Nachwort zum von Klaus P. Dencker herausgeg. Band *Deutsche Unsinnspoesie*, Stuttgart 1978, S. 357; er hat auf andere Interpretationsmöglichkeiten von *Alice in Wonderland* hingewiesen.

71 Chesterton, *Verteidigung des Unsinns* 1969 S. Anm. 27 S. 46, 49; 56f.; 74.

72 Man erinnere sich an die verschiedenen Bekenntnisse Bichsels, er fühle sich nicht Revolutionären, sondern Anarchisten wie Bakunin verwandt. Oder an sein Unbehagen in der «chaosfeindlichen» Schweiz und seine Meinung, ausgesprochener Optimismus sei für die Welt gefährlicher als Resignation (s. u. a. die

Diskussionsrunde am Radio *DRS* vom 16.1.1994 zum Thema Chaostheorie und das Radio-Interview (*DRS* 15.4.1987) zum Thema Optimismus.

73 Lichtenbergs Fragment *Das Gastmahl der Journalisten* (um 1774) erschien in den *Vermischten Schriften*. Der Nachdruck dient dem *Kursbuch* mit dem Titel *Die Meinungsmacher* als Einleitung; diese Nr. 125 (1996) enthält zahreiche moderne fachliche und kritische Kommentare zum Journalistenberuf.

74 Sieburgs Ausspruch, seine Rolle im Dritten Reich was sicher anfechtbar, zitiere ich aus Ludwig Haslers Aufsatz *Für Pressefreiheit? Also gegen Narrenfreiheit?* In: Roger Blum u. a. *Medien zwischen Geld und Geist,* Zürich: *TA:* Werd 1993, S. 19–33.

75 Zwei weitere Beispiele von «Mangel an historischem Augenmass» (die J. Jacobs in der Rezension der *Schulmeisterein* beobachtet) aus den *Notizen zur Misere* (1988), Nr. 12: «Die Macht der Feudalen wurde durch die Macht der Liberalen ersetzt»; Nr. 19: «Der Demokratisierungsprozess der Schweiz ist längst abgeschlossen» oder aus dem Interview (einer ohnehin für schlecht fundierte Mitteilungen geeigneten Mitteilungsform) mit G. Mack 1991: Die schweizerische Sorge wegen der Alpentransversale bzw. der Luftverschmutzung durch den Lastwagenverkehr sei «totaler Blödsinn» oder: die Schweiz habe keine Regierung.

76 vgl. zu den «korrekten» Anwendungen von ‹eigentlich› *Duden: Das grosse Wörterbuch der deutschen Sprache ion 8 Bänden* (1993–95).

VI. ANHANG

Einige fremdsprachige Rezensionen

1. Eigentlich möchte Frau Blum den Milchmann kennen lernen
Beitrag zu einer Auswahl tschechischer Übertragungen aus den Milchmanngeschichten in *Světová literatura* 1966/4. Bemerkungen zu den *Jahreszeiten* und dem Erstling werden dabei offenbar am Anfang nicht auseinandergehalten:

Als die Berichterstatter Peter Bichsel fragten, worum es in seinem Buch geht (er hat daraus letztes Jahr bei der Sitzung der Gruppe 47 zaghaft vorgelesen und erwarb den Preis dieser Gruppe), antwortete er ausweichend und kurz: «Es geht um ein Haus.» Dann fügte er hinzu, es ist ein Versuch, durch kurze Prosastücke die Bewohnbarkeit eines Hauses festzustellen. Kurze Geschichten, welche die Fundamente und Mauerwerk des Hauses, in dem der Autor wohnt, die Sprache, die er schreibt, die Welt, in der er lebt, betasten. Vielleicht passt die Bezeichnung Kurzgeschichte gar nicht: es gibt keine Handlung, keine Verwicklung, selten überhaupt eine Figur im üblichen Sinne. Vielleicht eher Miniaturen, Anekdoten (jedoch ohne Pointe), Beschreibung von Situationen, hinter deren idyllischer Poesie oft die Dynamik einer Geschichte oder eines Dramas, eines Romans vielleicht, verborgen ist. Bichsels Bilder sind flach, zweidimensional, sie haben niemals optische Tiefe, ängstlich halten sie nur die Oberfläche der Dinge fest. «Die Tiefe muss man verbergen», sagte Hofmannsthal. «Wo?» «Auf der Oberfläche.»

Heute, wenn jedes Erstlingswerk, das in Westdeutschland erscheint, vollkommen und technisch raffiniert ist, gehört nicht wenig Mut dazu, solche «Kalendergeschichten» herauszugeben; ihre Themen sind banal und altmodisch – etliche Menschen fühlen sich einsam, das Leben bringt Enttäuschung («Entzauberung»), jemand resigniert, jemand versteckt sich hinter die Barriere der Illusionen, zwischen Menschen liegt Entfernung, sie verständigen sich mit Schwierigkeiten, dabei möchten sie sich «kennenlernen». Dazu sind es lauter uninteressante kleine Leutchen, ohne eine gelebte Psychologie, ohne eine Andeutung einer attraktiven Perversion. Der Autor machte sich nicht anziehender durch eine entfremdende Distanz, imponierende Grausamkeit den Menschen gegenüber und die beliebte Rücksichtslosigkeit der Welt gegenüber, er half sich auch nicht durch kalte Analytik aus – er schaut die Welt eher liebenswürdig an, jemand wirft ihm sicher vor: sentimental. Und vor allem die Sprache: heute, wo sich jeder deutsch schreibende literarische Adept à la Faulkner oder «Nouveau roman», à la Musil oder Kafka, Günter Grass oder Uwe Johnson brillant «machen» kann, hält sich Bichsel mit hartköpfiger und unerschütterlicher Konsequenz abseits von den verführerischen Modeerscheinungen; bescheiden verschmäht er die Originalität, erlesenen Effekt, technische Bravour. Als ob er von vorne anfangen würde – er stellt fundamentale Möglichkeiten der Sprache fest, ihre Grenzen, er weiss über die Möglichkeit des Missbrauchs und ist im höchsten Masse vorsichtig.

Er wählt einfache bis primitive Mittel: einfache kurze Sätze, typische Ketten mit geringfügigen Abänderungen, das Vokabular fast arm, ein Minimum an Epitheta. Die Bemühung um eine maximale Dichte gibt dieser Prosa einen Hauch von Askese, dazu noch eine ängstliche Objektivität, eine Unpersönlichkeit, die man im Tschechischen nicht einmal völlig wiedergeben kann. Bichsels «man» kann man nicht vollkommen übersetzen. Die sprachliche Mitteilung ist auf das Mindestmass reduziert, der Leser sieht sich gezwungen, in die Lücken zwischen Sätzen und Wörtern ständig selber das einzusetzen, was ausgelassen wurde – und was für das Verständnis des Ganzen gleich bedeutsam ist wie das, was der Autor der Orientierung wegen ausliess.

Es wäre schwierig – und überflüssig –, hier die Grenzen der Naivität und Raffinesse, der natürlichen Einfachheit und der Virtuosität zu suchen. Es boten sich literarische Parallelen an, und man erwähnte die Namen des altertümlichen Peter Hebel und der avantgardistischen Nathalie Sarraute: beide sicherlich mit gleichem Recht.

Peter Bichsel ist offensichtlich das vielversprechendste von den jungen Talenten der deutschen Prosa – und die hat ihrer bestimmt nicht wenige.

Er ist 1935 in Luzern geboren, er ist Lehrer in einem kleinen Nest namens Zuchwil in Solothurn. Gemeinsam mit seinen kleinen Schülern hat er die Stunden der Muttersprache am liebsten, die für beide Seiten die Stunden des Spieles sind. Seine literarische Liebe soll der Dadaismus sein.

V. K. [Vladimir Kafka]. Übersetzung: Milena Fischer

2. *Die Jahreszeiten*

a) Polnische Rezension unter dem Titel *Opowieść o nieprawdziwym człowieku* [«Geschichte über einen unwahren Menschen»] zur Übersetzung *Pory roku* (1972) in *Tygodnik Kulturalny* 1973/3.

Die Jahreszeiten von Peter Bichsel, von dem es im biographischen Vermerk heisst, er sei «eine grosse Hoffnung der schweizerischen Literatur», sind im Grunde genommen ein Scherz des Schriftstellers über sein Verhältnis zu dem von ihm gestalteten Helden.

Eine der ernsteren Schwierigkeiten, die die erzählende Literatur, also Romane, Erzählungen usw. schafft, ist der Widerspruch zwischen der Absicht des Autors, der erzählten Geschichte den Anschein einer Objektivität zu verleihen, und der Tatsache, dass alles, was er beschreibt, im Grunde genommen sein Phantasiegebilde ist. Artur Sandauer nannte diese Widersprüchlichkeit in seiner Skizze «Die degradierte Wirklichkeit» einen «Konflikt zwischen dem fiktiven Charakter der Anekdote und der realistischen Erzähltechnik». Einerseits wünscht der Autor, dass die Tragödien der Romanhelden seine Leser erschüttern, dass sie Freude an lustigen Situationen empfinden und dass sie die traurigen beunruhigen, dass sie sich um das Schicksal der Helden fürchten, so wie sie im Leben um die Schicksale ihrer Angehörigen besorgt sind, und andererseits: wie soll man sich denn Phantasie- und Talentgebilde von irgend jemand zu Herzen nehmen, wie sich um Geschicke ängstigen, die vollkommen vom Schriftsteller bestimmt werden?

Manche Schriftsteller liessen sich verschiedene Konventionen einfallen, die den Eindruck erwecken sollten, dass der Autor ein völlig unparteiischer Vermittler zwischen irgendeiner authentischen (mündlichen oder schriftlichen) Aufzeichnung und dem Leser sei. Boccacio gibt im *Dekameron* nur die Erzählungen der Flüchtlinge aus der verseuchten Stadt wieder. [Dann folgen Hinweise auf Dichtungen von Cervantes, Proust und Potocki, die mit ähnlichen Kunstgriffen versuchen, «die Fabel glaubwürdiger zu machen».]

Diese Verfahren hatten jedoch einen rein formalen Charakter und befriedigten keineswegs jene Leser, die am meisten misstrauisch waren. Die Lösungen dieses Schlüsselproblems der Erzählkunst können dreierlei Art sein. Man kann eine Tatsachenliteratur betreiben – in diesem Falle ist dem Leser die Anekdote auch aus anderen Quellen, und zwar glaubhafteren als einem Roman, bekannt. Man kann Werke schreiben, um sich selbst zum Ausdruck zu bringen, das Bewusstsein des Schöpfers, die Qual des Schaffens usw. beschreiben. Beide Methoden engen jedoch im grossen Masse das Funktionsfeld der Literatur ein. Man kann sich schliesslich von dem Versuch lossagen, den Leser zu täuschen, dass der Held eines Werkes eine vom Autor vollkommen unabhängige Person sei, und ihn immerfort daran erinnern, dass die Geschichte, die er kennenlernt, zu 100 Prozent ein Bewusstseinsgebilde des Schriftstellers ist.

Auf diese Weise verfährt Peter Bichsel in den *Jahreszeiten*. Nicht für einen Augenblick lässt er den Leser sich der Illusion hingeben, dass der Held der Erzählung, Herr Kieninger, eine reale, objektiv existierende Gestalt sei. Ganz im Gegenteil – wie ein Kind spielt er mit der Möglichkeit, einen Helden zu schaffen, seine Geschicke zu regieren, ihn zu töten. Er schafft Kieninger nur, um schon einen Augenblick später zu zögern, ob er auf ihn nicht doch verzichten sollte.

Aber schon einige zehn Seiten weiter taucht Kieninger wieder auf, und es scheint, dass er eine wirkliche, reale, vom

Autor gesonderte Existenz ist. Doch diese Trennung ist uns ziemlich suspekt. «Kieninger vertraut sich mir nur ungern an. Ich provoziere ihn mit Worten, sage ‹Tarragona›, und er sagt ‹Tarragona›. Wenn ich das Wort ‹Elfriede› ausspreche, wiederholt er es. Wiederholt er es einige Male und mit geringen Tonunterschieden, werde ich wachsam und fülle sein Glas nach.»

Also gibt es den Kieninger, oder gibt es ihn nicht? Wohl doch, da «Kieninger noch nicht zurückgekommen ist. Wenn er bis zum Ersten nicht kommt, werden wir das Zimmer an jemand anderen vermieten.» Allerdings ist dieser Eindruck nur trügerisch. Kieninger besteht nur einen Augenblick lang, hier, auf der Seite 53, denn das ist gerade die Laune des Autors. Aber dann erweist er sich nur als eine Erdichtung Peter Bichsels. «Kieninger kaufte am Bahnhof eine Illustrierte. Irgendwo hatte ich das schon geschrieben. Ich schreibe es noch einmal, ich erinnere mich daran, dass Kieninger damals noch nicht existierte.» Am Ende der Geschichte wird Kieninger endgültig verschwinden. «Er wird etwas Anständiges werden, er wird zu unserem Gewissensbiss. Allein das, dass ich ihm sein Leben nahm, ist ein ausreichender Grund.»

Die Jahreszeiten ist eine Novelle [nowelka], die äusserst geschickt und witzig geschrieben worden ist. Enthält sie aber noch etwas ausser der Beschreibung der Unentschlossenheit des Schriftstellers seinem Gebilde gegenüber? Freilich, Bichsel wollte noch, gewissermassen im Hintergrund eigener schöpferischer Qualen, die Hoffnungslosigkeit des bürgerlichen Lebens der Kameraden des nichtexistierenden Kieningers zeigen. «Der Erste fragte, und der Zweite zeigte dem Ersten ohne ein Wort zu sagen seine Uhr, und nach der Bemerkung, dass seine Uhr vorgehe, stellte der Erste fest, dass die seine nachgehe. Wenn sie zu dritt waren, konnte jeder etwas sagen, oder nahm der Dritte am Gespräch überhaupt nicht teil.» Der Autor ist jedoch entschieden zu sehr mit seinen kreativen Möglichkeiten beschäftigt, um den Objekten seines Romans mehr Aufmerksamkeit zu schenken. Deshalb sind «Die Jahreszeiten» nur noch ein Werk über das Schaffen. Ein sehr geschickt und geistreich geschriebenes Werk, das stimmt. Nachdem man es aber gelesen hatte, kehrt man ohne Bedauern zu den alten, guten, traditionellen Romanen zurück, in denen der Leser zwar betrogen wird, doch wirft er es dem Autor nicht vor.

Wojciech Sadurski. Übersetzung: Grażyna Horodecka.

b) Die englische Würdigung unter dem Titel «House bound» im *Times Literary Supplement* vom 7.11.1968 bezieht sich auf die deutsche Ausgabe. (Erstaunlich, dass trotz diesem wichtigen Lob bis 1991 (lt. Hoven *Texte*) keine englische Übersetzung erschienen ist.)

Peter Bichsel, born in 1935, is a Swiss schoolteacher whose prose is characterized by a peculiar blend of melancholy and caprice. Despair over the hopelessness of communication is presented in a tone of innocent playfulness, and in this sense much of his work resembles Gertrude Stein's. His vocabulary, like hers, is sparse to the point of miserliness. His sentences receive their tensile strength from omissions. We read on, fascinated, wondering what it is that he wants to hide from us— only to discover that he hides nothing: he simply sees the world that way—as a pattern of diminutively few verifiable points strung together by elastic bonds of assumption. Caught in this spiderweb are the creatures of whom he writes.

Die Jahreszeiten rests on the pivot that the author never meets the characters with whom he communicates through his book. The novel, if one may use that term for a work so unconventional as this, follows in one sense a conventional pattern: it tells the tale of a man trying to write a novel. But Bichsel, unlike Pirandello, is not concerned with the relationship between reality and fiction. He takes it for granted that we know all about it and respects our intelligence by proceeding from that point. In an irregular but persuasive rhythm he moves back and forth between descriptions of the house in which he lives and the degree to which the seasons alter its face, between quotations from documents such as insurance policies, painting manuals, household regulations and reminiscences, thoughts, epigrams, speculations about the fictitious entities that might serve him as raw materials of a narrative. This narrative, of course, never takes shape. But we participate in the shaping of it, we are presented with the alternatives of plot and character that occupy the author.

Many of these speculations attach themselves to a character named Kieninger who is «probably» a Viennese passing through Switzerland on his way home from Spain where he had fallen in love with an Englishwoman. In Tarragona he bought a waterjug, and this jug is one of the few concrete realities from which the web of probabilities is suspended.

Bichsel is one of the few writers employing German as their working language who have explored the limits of the conventional novel without descending into the domain of mystification. «Die Jahreszeiten» is neither precious nor pretentious. It is an «anti-novel» in the sense of querying the traditional values of fiction. But it has a sense of the inevitable: one never feels that the author does anything for the sake of being different; one knows that this is the only way he can write and one respects him for it, hard as he makes it for us to follow him. In a generation of German, Austrian and Swiss writers who so patently write with an eye to their colleagues, imitating those abroad and trying to be different from those at home, he constitutes that rare thing: a genuine original.

3. Kindergeschichten
a) Die englische Rezension unter dem Titel «Miniatures» im *Times Literary Supplement* vom 9.7.71 betrifft die bei Calder und Boyars (London) erschienene Übertragung Michael Hamburgers (1971). In der Ausgabe des gleichen Jahres von New York (Dellacorte) hiess der Band dann *«There is no such place as America»*.

With *Stories for Children* Peter Bichsel returns to the form at which he excels: the short story and miniature. It is in these brilliantly executed variations on basic human conditions, which pinpoint the moral complexities of life, that Bichsel's unique style best expresses itself. It is a way of writing that in

1965 won him the annual prize of the Gruppe 47, and is characterized by supremely deceptive simplicity. These plain, unadorned sentences embrace universal life and truth, describing attitudes and states of mind rather than events; a lot happens and nothing happens.

Bichsel is not interested in reality but in the relationship individuals have to it. Like children we must explore, remembering that infant scepticism and infant belief go hand in hand. The idiot Columbine in «There Is No Such Place as America» drives Vespucci to find America, but then refuses to believe in its existence even after the explorer's return. The inventor who suddenly discovers that all his inventions have already been invented ends up with the consoling thought that «even to invent things that exist already is hard, and only inventors can do it». The author, too, is an inventor, but of a different kind. He reduces in scale and filters, recreating a whole cosmos filled with a sense of underlying urgency and sadness that reaches its climax in «A Table Is a Table», in which a man deciding to call familiar things by unfamiliar names hopes to create a new world of experience, but ends by not understanding or being understood by anyone.

The tone is quiet. Yet behind the charm, the softness, the simplicity, there is a highly conscious and skilled craftsman at work. It is these qualities, so faithfully reproduced in Michael Hamburger's exemplary translation, that make Bichsel such a remarkable writer.

b) Besprechung der von Claude Maillard und Marc Schweyer übersetzten *Histoires enfantines* (1971) unter dem Titel *Le texte et sa fonction* in *Les Lettres françaises* Nr. 1397 (1971), S. 4 (Directeur: Aragon). Einleitend stehen einige eher negative Bemerkungen über Texte Peter Handkes. 1967 war bei Gallimard auch *Le Laitier* herausgekommen, 1970 *Les Saisons*.

Au lieu de jouer sur la convention des sentiments, Bichsel part, dans chacun des sept contes du volume, des conventions du langage qui imposent des idées toutes faites et jamais vérifiées: la Terre est ronde, une table, est une table l'inventeur est celui qui trouve quelque chose qui n'existait pas avant lui, il faut exercer sa mémoire, etc. Et il soumet alors ces vérités à l'épreuve d'une logique naïve, déconcertante par sa rigueur, son fonctionnement inattaquable. Car il s'agit ici de «vérifier ce qu'on sait», mais qu'on n'a jamais vu. De chercher à comprendre, tout en évitant l'angoisse devant l'impossibilité du savoir encyclopédique. De tout remettre en question, mais de sorte qu'un puisse «changer le monde».

D'un texte à l'autre, la question posée, infiniment variée, est celle du savoir, savoir faire, savoir vivre, sans que jamais la fin du conte soit autre chose qu'un appel à la poursuite de l'histoire. Et la cohérence du volume tient au fait que chaque conte, bien qu'indépendant, renvoie à un autre qui vient d'une certaine manière le contredire. Ainsi l'approbation exprimée à l'homme parti droit devant soi pour vérifier si la Terre était bien ronde est-elle nuancée par la description de cet autre qui, «pour savoir quelque chose que personne ne sait et qu'aucun employé ne peut trouver dans un livre», part «compter les marches du monde entier». Ainsi surtout se répondent deux textes, «Une table est une table», et «Vous avez le bonjour de Yodok», où se trouvent posés le droit au reve et au langage personnels, mais aussi la nécessité de l'échange, de la communication entre les hommes.

Et là, il est permis de se demander si la portée symbolique ne touche pas à la conception même qu'à Bichsel du rôle de l'écrivain. Car, pour changer le monde, un vieillard décide de transformer les appellations conventionnelles des objets qui l'entourent. «Le lit, il l'appelait portrait. La table, il l'appelait tapis. La chaise, il l'appelait réveil ...» Tant et si bien qu'à la fin «il ne pouvait s'empêcher de rire quand il entendait les gens parler (...) parce qu'il ne comprenait plus du tout ce que tout cela voulait dire. Et pourtant ceci n'est pas une histoire drôle. Le commencement était triste, la fin est triste aussi. Le vieil homme au manteau gris ne comprenait plus les gens; cela n'était pas encore bien grave. Ce qui l'était bien davantage, c'est que les gens ne le comprenaient plus. C'est pourquoi il finit par ne plus rien dire. Il se tut, ne parla plus qu'avec lui-même, ne salua même plus.» Peut-être est-ce ce danger auquel Bichsel a voulu parer en choisissant un genre littéraire social par excellence, en s'adressant à ceux qui, avant d'être prisonniers du langage, commencent à l'aide des mots à maîtriser le monde. Quitte à les inviter à y regarder de plus près, à ne pas prendre les mots pour les choses.

Jean Tailleur

4. Geschichten zur falschen Zeit
Die Besprechung der deutschen Ausgabe erschien in der Zeitschrift *World Literature Today* der University of Oklahoma (in Norman) im Frühjahr 1980.

«Spiked comments» on the passing human parade might be a suitable characterization of this book. Some of the author's reflections – originally in the form of newspaper columns – on the world around him are clever in the best sense of the word and remind one of Kurt Tucholsky's sharp-tongued commentaries on that ship of fools known as Weimar politics. For many other pieces, though, one would have to have a very good knowledge of Swiss – or even Cantonese – localisms to appreciate all of Bichsel's points (including apparently some Helvetian «injokes»). The nearest thing in our hemisphere to such homespun wisdom as these collected «Glossen» seems to be the syndicated column of a Russell Baker.

Among my own favorite feuilletons are the pieces called «Was bin ich?,» a criticism of stereotyped professions; «Eine Geschichte zur falschen Zeit,» a pointed character sketch of an enviably wholly un-neurotic human being; and «Im Grunde genommen,» a reminder of the unthinking way we use language and of how much language and reality have separated. Karl Kraus, though he would not admire Bichsel's language, would probabiy applaud his sensitivity to the threatening tyranny of language.

The pensées of Peter Bichsel make for interesting reading. Some of them border on the «really philosophical,» but of course such words would provoke Bichsel to write another column on the absurdity of «really philosophical» ideas. He is at his best when he identifies human illusions and follies, not only linguistic ones; when he shows how people uncritically expect things of life which they have no business to expect; and when he reduces experience to «basics,» to a kind of existential Occam's razor of simpler yet adequate explanations.

Robert Schwarz, Florida Atlantic University

VII. VERZEICHNIS DER QUELLEN UND DER SEKUNDÄRLITERATUR

Anordnung, ausgenommen die spezielle Sekundärliteratur, chronologisch. Kurze Kommentare nur bei sehr schwer zugänglichen Titeln oder bei den in meinem Text nicht kommentierten. Speziellere Reaktionen wie auf den Film «Unser Lehrer» oder auf Essays und Vorträge, sowie Titel der übersetzten Werke, registriere ich höchstens in den Anmerkungen. Ergänzende Angaben aus dem Sonderbereich der Unterrichtspraxis finden sich bei Reinhard Schlepper WAS IST WO INTERPRETIERT (1980). Eintragungen in Lexika nur ausnahmsweise (z. B. Hage 1990). Ergänzende Angaben zu leicht Zugänglichem finden sich im *KLG* und anderen gebräuchlichen Bibliographien. Besonders hilfreich sind heute die Auwahlbibliographie im Buch von Rolf Jucker (1996), das Quellenlexikon zur deutschen Literaturgeschichte von Heiner Schmidt (=3. Aufl. des Quellenlexikons d. Interpretationen u. Textanalysen, Duisburg 1995) und die Literaturverzeichnisse der SLB und der ZB Solothurn.

I. Quellen: 1. Texte S. 129
2. Ansprachen, Vorlesungen usw., auch in Radio und Fernsehen S. 143
3. Briefe S. 148
4. Gespräche, Interviews, auch in Radio und Fernsehen S. 149

II. Über P. B. 1. Biographisches, allgemein, z.T. auch Radio- und Filmreportagen S. 153
2. Milchmanngeschichen S. 158
3. Jahreszeiten S. 160
4. Des Schweizers Schweiz, Reaktionen auf B.s Politik S. 162
5. Kindergeschichten S. 163
6. Kapitel III, «Geschichten», andere Kolumnen und weitere Reaktionen a. B.s Politik S. 165
7. Der Leser, der Erzähler S. 167
8. Der Busant, Zur Stadt Paris S. 168

I. QUELLEN
1. *Texte*
1948 Spanischbrötli-Express!, Murmeltiere!, Ein ABC-Schütze!, Ein Aufsatz entsteht, Ein Bettler (Bildbeschreibung). In: Vorzugsheft Lehrer Kurt Haslers, Olten. Unveröffentl.

1955 tu tintun siano [...]. In: spirale 5, Bern 1955.

1957 das ende der stadt. [Verse von Bichsel, Graphik von Jörg Hamburger], Basel 1957, Privatdruck.
- So ist es. Handschriftliche Gedichtfassung 1957 wiedergegeben im Begleitheft, C. Paschek 1982, S.25; Druckfassung in: Aussichten, P. Hamm 1966.

1958 dimanche triste oder zur höheren ehre gottes, ankunft [Gedichte]. In: augenblick. Tendenz und Experiment III/I., S.25-27. Hg. Max Bense, Darmstadt 1958.

1960 Versuche über Gino (illustr. von Rolf Spinnler), Gigandet-Privatdruck 1960.

1962 Die Männer. In: National Zeitung 10.12.62 [ähnlich Buchfassung Milchmanngesch.].
- wir wären die kinder [...], vieles ist verboten [...], bei dieser musik [...]. [Gedichte]. In: hortulus 60, S.121, St.Gallen (Aug.) 1962.
- Musikdosen. In: Die Tat, 6.10.62 [verschieden von Buchfassung Milchmanngesch.].
- Der Milchmann. In: Die Tat, 30.11.62 [ähnlich Buchfassung Milchmanngesch.].

1963 In seinem Gedächtnis. In: Die Tat, 23.2.63 [vgl. Kindergesch.].
- Holzwolle, Vom Meer, San Salvador, Erklärung, Das Kartenspiel. In: NZZ 8.12.63 [ähnlich Milchmanngesch.].
- Sonnenaufgang [Gedicht]. In: manuskripte 7 (III/I), Graz, Apr. 63.

1964 Prosaschreiben. Eine Dokumentation des Literarischen Colloquiums Berlin, hg. Walter Hasenclever [Übungstexte Bichsels u.a.], Berlin 1964.
- EIGENTLICH MÖCHTE FRAU BLUM DEN MILCHMANN KENNENLERNEN. Walter Druck Nr. 2. Mit Nachwort Otto F. Wal-

ters: «Bemerkungen zum ersten Buch von Peter Bichsel», Olten 1964. Nach dieser Ausgabe von 1220 Exemplaren bald grössere Auflagen (ohne Nachwort Walters). Auch bei Ex Libris (Zürich).
1965 DAS GÄSTEHAUS. Roman von Peter Bichsel [S. 7–8], Walter Höllerer u. a., Berlin 1965 (Gemeinschaftsarbeit des Literarischen Colloquiums).
- Vom Fahnenstangenfallenlassen. Der Jura und die Idee der Schweiz. In: Wewo 27.8.65. Auch in STOCKWERKE, 1974.
- Schreiben. In: Der Schweizer Buchhandlungsgehilfe 46/5, Weihnachten 1965, S.176-177 [«Ich schreibe – das ist alles ...»].
1966 wir verschieben die möbel [u. andere Gedichte, z. T. Nachdrucke]. In: Aussichten. Junge Lyriker des deutschen Sprachraums, Peter Hamm, München 1966. (z. T. ins Ungarische übersetzt von István Eörsi. In: Nagyvilan 1967/2, S.216.)
- Kino [Rede an der Solothurner Filmtagung 28.30.Jan.]. In: Wewo 4.2.66.
- Unbewältigte schweizerische Vergangenheit? (P. B. äussert sich zur Kontroverse Max Frisch/J. R. von Salis – Otto F. Walter.) In: Wewo 1.4.66.
- Ein Schriftsteller möchte antastbar sein ... [Dankesrede f. d. Preis v. Olten]. In: Oltener Tagblatt, 11.5.66.
- Äpfel sind nämlich meistens grün oder gelb. In: ZW 29.7.66. (Variationen zum Thema Nationalheld unter dem Titel «Tell 66» mit Beiträgen von P. B., Diggelmann u . a.)
- Bundesfeieransprache (in Grenchen). In: Wewo 5.8.66.
- Von einem Mädchen und von der Übereinstimmung (über Kluges Film «Abschied von gestern»). In: Wewo 18.11.66.
- Notizen zum Tage (Buchbesprechung Henri Michaux). In: ZW 2.12.66.
- Endlich ein Gammler verurteilt (über Gedichte Joseph Brodskijs). In: ZW 16.12.66.

- Die Wahrheit oder «Entdämonisieren wir weiter» [wie Bichsel zum Colloquium kam]. In: Sprache im Technischen Zeitalter 20/1966, S.298 f.
- Nachwort zu hans carl artmann: verbarium. gedichte. (Walter Verlag) Olten 1966, S.91 f.
- Ein Tisch ist ein Tisch. In: Dichter erzählen Kindern, Hg. Gertraud Middelhauve, Köln 1966, S.234–239. [Ähnlich KINDERGESCHICHTEN 1969.]

1967 Unverbindlichkeiten (zum Zürcher Literaturstreit). In: Wewo 6.1.67.
- Jenseits von Steinbeck [dem der Vietnamkrieg gefällt]. In: ZW 24.2.67.
- Des Schweizers Schweiz. Im «Du»-Sonderheft August 1967 «Die Schweiz, gesehen von Henri Cartier-Bresson» und Bichsels später berühmt gewordener Essay S. 584–88. Ähnlich in: DES SCHWEIZERS SCHWEIZ 1969.
- Mitteilung zwischen Autor und Leser. In: Ex Libris Sept. 1967. Nachdrucke in Luchterhands ‹ad lectores› 5 (1967) unter d. Titel «Was erwarte ich von einem Roman?», in der Stuttgarter Zeitg. 3.2.68 unter d. Titel «Warum lesen Sie?».
- DIE JAHRESZEITEN. Neuwied 67. Bei Rowohlt 70: 1.-20. Ts. Apr. 21.-30. Ts. Auch Ex Libris.

1968 (Beitrag zu einer Umfrage.) In: Wewo 5.4.68.
- Gedichte und Gegengedichte [über Erich Fried]. In: Wewo 24.5.68.
- Sitzen als Pflicht (P. B. an der Sommersession des Eidg. Parlaments) . In: Wewo 21.6.68. Ähnlich DES SCHWEIZERS SCHWEIZ 1969.
- Sichtbar machen [documenta Kassel]. In: Wewo 18.8.68.
- Das private Staatsradio. In: Wewo 23.8.68. Gespräche mit Neckermann [ü. Buchmesse und d. Rede d. Preisträgers Senghor; G. Eich nannte solche Reden «Gespr. m. E.»]. In: Wewo 27.9.68, S. 25.
- Relativierungen [Tschechoslowakei u. Literatur]. In: Wewo 6.9.68.

- (Rede zum Einmarsch d. Russen in die ČSSR.) In: TSCHECHOSLOWAKEI 1968, S.12–15.
- Der Zeichner des Möglichen [Paul Flora]. In: Die Zeit 1. Okt. 1968.
- Die Geschichte soll auf dem Papier geschehen. In: Wewo 4.10.68. Auch in: Akzente 1968/5, S.406-411, u. AUSKUNFT 1984.
- Häbet Sorg zum Jura (Bericht zur Jurafrage der Kommission der 24). In: Wewo 8.11.68.
- Verzweiflung und Vermessenheit [Prag, Olymp. Spiele, amerikan. Wahlen]. In: Wewo 15.11.68.
- Nachwort zu Jan Erik Vold: Von Zimmer zu Zimmer. Sad & Crazy. Walter Druck 16, Olten 1968, S.73-75.

1969 Dem Bestehenden Schwierigkeiten machen In: Wewo 24.1.69. Ähnlich in: Tintenfisch 1969/2 und STOCKWERKE und Neuauflage in: DES SCHWEIZERS SCHWEIZ. S. auch u. Ansprachen.
- Abschied von 1939 («Geistige Landesverteidigung»). In: Wewo 7.3.69.
- Primarschule - ein Geschäft ohne Partner. In: ZW 5.4.69. Ähnlich in: ad lectores 9.und Tintenfisch 3, 1970.
- Der grosse Untalentierte. In: ZW-Sj 3./4.5.69. Auch in: Ludwig Hohl, Hg. Joh. Beringer, Frankfurt 1981 (st 2007).
- Die Schweiz 1938 [über ein Photobuch]. In: ZW-Sj 7./8.6.69.
- Neuester Fall von deutscher Innerlichkeit (Kontroverse Hamm/Handke). In: ZW-Sj 28./29.6.69.
- Vom Menschen geformte Dinge (Votum im Podiumsgespräch vor den Schweizer Industrial Designers in Yverdon). In: ZW-Sj 21./22.6.69.
- Der Landesverteidigungsstaat [Hochschulprobleme, Mitbestimmungsrecht]. In: ZW-Sj 5./6.6.69.
- Nun liegt sie auf dem Mond [die Präambel der UNO-Charta]. In: ZW-Sj 26./27.7.69.
- Das Lampion mit dem Mondgesicht [Nestbeschmutzer u. Mondlandung]. In: ZW-Sj 2./3.8.69.

– Mein Hauptmann Defregger [D.: Deutscher Hauptmann später Weihbischof. Bichsels Skepsis gegen «Achtungsstellungen»]. In: ZW-Sj 9./10.8.69.
– Anstand oder Widerstand [Hans Albers u. d. Film «Münchhausen»]. In: ZW-Sj 16./17.8.69.
DES SCHWEIZERS SCHWEIZ. Zürich 1969. Auch Ex Libris. Erweiterte Neuauflage 1984 und 1989 mit der Dankesrede Solothurn (1969), «Der Virus Reichtum» (1987), «Notizen zur Misere» (1988) «Die Armee ist tödlich» (1989) und Fotos aus dem «Du»-Heft 1967/8 (s.o. 1967).
– Die drei Niederlagen des Denkers [älterer Bahnarbeiter im Bahnhofbuffet]. In: ZW-Sj 30./31.8.69.
– In einem ruhigen Land [Demonstration gegen General Westmoreland in Bern]. In: ZW-Sj 20./21.9.69.
– (Ansprache zur Eröffnung der gemeinsamen Geschäftsräume), Hg. Hans Liechti, Galerie Bernhard. Gigandet-Privatdruck, Solothurn 1969.
– Von der Buchmesse zurück. In: St. Galler Tagblatt 20.10.69 (Beilage zur Renovation der Fehr'schen Buchhandlung).
– Mer hei kein Angscht. In: ZW-Sj 13.12.69. Auch in: STOCKWERKE 1974. KINDERGESCHICHTEN. Neuwied 69. Auch bei Ex Libris.

1970 (Über Austritt aus dem Schweiz. Schriftstellerverein.) In: ZW-Sj Nr. 2 1970.
– Und sie dürfen sagen, was sie wollen. In: Luzerner Tagblatt 1.8.70. Auch in: STOCKWERKE.
– Rassismus und Faulheit. Vorwort zu Scuola di Barbiana: «Die Schülerschule», Rotbuch 21, Berlin 1970, S. 9–17.
– Warum ich Jürg Wehren nicht verteidige [Frage der Zuständigkeit der Militärgerichte bei Dienstverweigerern]. In: National Zeitung 7.12.70.
– Warum mir die Geschichte misslungen ist. In: Erfahrungen [...]. 14 Autoren zum Thema «Der Behinderte und seine Umwelt», Bern 1970.

1971 Mit Tell leben. In: Otto Marchi: Schweizer Geschichte für Ketzer. Oder Die wundersame Eidgenossenschaft. Zürich 1971, S. 184–185.
– Immer wieder Weisshaupt. In: dieses buch ist gratis. Texte zeitgenössischer Schweizer Schriftsteller, Zürich o. J. [1971].
1972 Unser Lehrer. Ein Kommentar. In: International DIALOG-Zeitschrift V/2 (1972), S. 98–101.
– Grammatik einer Abreise. In: Field. Contemporary Poetry & Poetics, Oberlin, Spring 1972, S.34-43 (mit Übersetzung ins Englische v. Stuart Friebert).
1973 Eisenbahnfahren. In: Basler Nachrichten 26.5.73. Nachwort. In: Dicklio, Hg. Jürg Robert Tanner, Basel 1973, S. 77-79 (Kinder-Comics der Schüler von Halten).
1974 Lesebuchgeschichte. In: STOCKWERKE 1974. Auch in: Erkundungen. Hg. Roland Links, Berlin/DDR 1974, Taschenbuch der Gruppe Olten, Hg. D. Fringeli 1974, und AUSKUNFT (1984).
Die Kunst des Anstreichens. In: STOCKWERKE 1974.
– Vorwort. In: Niklaus Meienberg: Reportagen aus der Schweiz, Darmstadt 1974.
1975 Etwas über die Schweiz? In: Merian 28/1 (1978), S. 53 f.
– Fondas Felsen. [B. hat einen Jura-Felsen u. a. via einen Film mit H. Fonda «sehen» gelernt] In: Cinéma Nr. 1 (1975), S. 44-46.
– [1975-1978] ‹P.S.› - Kolumnen im TA-Magazin; 1979 gesammelt in GESCHICHTEN.
1976 Die Aufgabe des Staates in einer sozialen Gesellschaft (Rede am Verbandstag VPOD in Lausanne). In: Der öffentliche Dienst 9.7.76. Auch in: Literatur aus der Schweiz. Texte u. Materialien, Hg. Egon Amann u. a., Frankfurt 1978 (st 450).
– Als uns Primo Randazzo «Bin» befahl (anlässlich Friedenspreis Frisch). In: National Zeitung 18.9.76. Auch in: Begegnungen. Eine Festschrift für Max Frisch, Frankfurt 1981.

- Hügel schichtweise. Text [versartig] zu «Objekten» [bildl. Veranschaulichg.] von Urs Hanselmann (auf Holz u. 6 Kartons), Olten (privat) 1976.
- Schreiben ist nicht ohne Grund schwer. In: TA-Magazin Nr. 47, 1976. Auch in: Fortschreiben. 98 Autoren der deutschen Schweiz, Hg. Dieter Bachmann, Zürich 1977.
- Ich habe etwas gegen den Staat als «Vaterland». In: National Zeitung 31.7.76.

1978 Begegnungen (zum Palmsonntag). In: Wir Brückenbauer 17.3.78.
- Aus der Wut ist ein kleiner mieser Ärger geworden und aus der Bewegung eine Institution (Festrede zum 75-Jahr-Jubiläum der Gewerkschaft Textil, Chemie, Papier in Luzern). In: focus Nr. 100, Okt. 1978. Unter anderem Titel, z. B. «Der Geschichtenerzähler u. d. Arbeiterbewegung» in: Dossier SPS Febr. 1979.
- Macht ohne Namen. In: Wir Brückenbauer 1.12.78 [Banken, Valutaschwankungen].

1979 Über meine Unfähigkeit, MM zu lieben. Eine erbärmliche Bemerkung zum Film «Behinderte Liebe». In: Cinéma Nr. l, 1979, S. 65-71.
- Der gekreuzigte Smily [sein Geigenlehrer, Musik]. In: LNN 3.2.79.
- Stolz auf wenig Lohn. In: LNN 17.3.79. Kampf dem Schund [freut sich an Konsalik- u. Simmel-Lesern]. In: LNN 28.4.79.
- Wo sonst beginnen [Teilnahme an Soloth. Literaturtagen]. In: LNN 9.6.79.
- Wieviel ertragen wir? [Naziknéipe, Billie Holiday.] In: LNN 21.7.79.
- Geschichten zur falschen Zeit, Darmstadt 79.
- Miteinander – nebeneinander (Geteilte Kultur eines einigen Landes). In: Basler Zeitung 21.7.79.
- 17. Juli 1979 [Todestag Billie Holiday]. In: Wewo 29. Aug. 1979.
- Bemerkungen zum Sportjournalismus. In: literatur konkret, Hamburg, Herbst 1979.

– Infrastruktur für Flüchtlinge. In: LNN 1.9.79. Die Wahlwette [ein Linker, der in US Nixon wählt]. In: LNN 27.10.79.
– Weiter lesen [Tod Diggelmanns, Ehrentitel ‹Schreiber›]. In: LNN 7.12.79.
– Kultur wird nicht benützt, aber man braucht sie [Dankesrede f. d. Preis des Kt. Bern]. In: Berner Zeitung 17.12.79.
– Begleittext. In: Museum. Das Museum der Stadt Solothurn, Hg. Max Doerfliger, 1979.
– Vorwort. In: Gleich um die Ecke beginnt die Welt [Märchen von Kuprin, Kishon, Singer u. a.], Frauenfeld 1979.

1980 Abschied von einer geliebten Kirche (Ansprache 1997 s. u.): In: Reformatio 29/3 (1980), S. 145–54. Kommentare wie Teilnehmer etc. S. 157 ff.
– Abschied vom König von Appenzell (Nachruf a. d. Landamman d. Kt. Ap. I. Rh. Raymond Broger). In: SI 3.3.80, S. 112-114.
– Laufbahn. In: Risotto und Rote Geschichten (Bildungsausschuss der SP Stadt Zürich), 1980, S. 9–18. (Bei Vorlesungen auch u. d. Titel «Karriere».)
– Arbeitserziehung. Die heutige Schule als Ersatz für die Kinderarbeit. In: Freibeuter 5, 1980. (u. anderem Titel in: FR 13.9.80.) Auch in: AUSKUNFT (1984).
– L'abolition de la femme. In: Construire (Zürich) 18.6.80.
– Das war die Schweiz. In: Wewo-Magazin 30.7.80. Auch in: Ich hab im Traum die Schweiz gesehen. Salzburg 1980, S. 16–24.
– Raffael Benazzi. In: Wewo-Magazin 20.8.80. Auch in: Ex Libris-Kunstkreis 1981.
– Warum schreiben Sie? In: Schreibheft Nr.13, 1980, S. 4–8.
– Wie deutsch sind die Deutschen? In: SI 22.9.80, S. 76–82.
– Unsere Kollegen in Polen. In: Bau+Holz (GZ, auch andere GZ) 2.10.80.

- Ein Stumpen, der keinen Krebs erzeugt. In: Bau + Holz 30.10.80 (auch andere GZ) .
- Zugeben? (Fleisch-Östrogen-Skandal.) In: GZ, u.a. GTCP 27.10.80.
- Erfahrungen beim Fremdsprachenlernen [Vortrag 1979 Solothurn]. In: Didaktik u. Methodik des Französischunterrichts. Informationsbulletin 24, Schweiz. Konferenz d. kantonalen Erziehungsdirektoren Genf 1980, S. 77–86.
- Vom voreiligen Ärger [Rez. von J. Federspiel: Die beste Stadt für Blinde] [B. entdeckt bei F. «kindischen Trotz»], in: Der Spiegel Nr. 48 (10. Nov.) 1980, S. 235–37.
- Ein Recht auf Verzweiflung. In: SI 17.11.80.
- 1980? Kinderbücher. Wohl unveröffentl.
- 1980? Sport als Religion? [Weigerung, die sonntägl. Wanderungen zum Sport degradieren zu lassen, etc.] Wohl unveröffentl.

1981 Das Ende der Schweizer Unschuld. In: Der Spiegel 5.1.81.
- Meine weisse Fahne der Unschuld. In: SI 12.1.81.
- Wieviel verdienst Du? In: Bau+Holz 15.1.81. Auch andere GZ.
- Wer ist Cesar Barillas? [Ermordeter Gewerkschafter in Guatemala, über Coca-Cola etc.]. In: Bau+Holz 12.2.81. Auch andere GZ.
- Und so etwas im 20. Jahrhundert. In: SI 9.2.81. Eine friedliche Schweiz? In: Kirchenbote f. d. Kanton Zürich 1.3.81.
- Günstige Gelegenheit [Trödler, Kapitalismus etc.]. In: Der Eisenbahner 12.3.81. Auch andere GZ.
- Die Unersetzbaren. In: Der öffentliche Dienst (GZ) 19.4.81.
- Die Erinnerung an sich selbst [schlechter Turner]. In: SI 4.5.81.
- Freiheitsgefühle [Gurtenobligatorium, Dienstpflicht]. In: Bau+Holz 14.5.81.

- Erfreuen Sie sich Ihrer Freiheit, Madame (Heine/G. Sand). In: Freibeuter 7, 1981.
- Wie christlich sind die Christen? In: L 1980, [Zs. Köln] H. 18, S. 5–13.
- Eine alte Geschichte. In: Bau+Holz 18.6.81. Wissen ist Widerstand [Ansprache vor VPOD-Sektion Lehrer in Zürich 30.5.]. In: Der öffentliche Dienst (GZ) 19.6.81.
- Das einfache Leben [«die heutige Jugend»]. In: FR 11.7.81
- Kein positiver Vorschlag [Gleichberechtig. Mann – Frau]. In: Bau+Holz 15.7.81.
- Aktualitäten [Sport = Aktualitätsersatz, Cupfinal]. In: SI 27.7.81.
- Auch Behinderte sind Wähler. In: Helvetische Typographia (GZ) 26.8.81.
- Wieviel ist die Freiheit noch wert? In: FR 5.10.81.
- Hofnarren sind traurig [Stadtschreiberrede 28.8.81]. In: Die Woche 9.10.81. Auch in: Sonderdruck f. Freunde des Luchterhand Verlags, Darmstadt 1981 und in: Hoven «Texte».
- Generation auf Heimatsuche (Rezension von P. Piwitt: «Deutschland, Versuch einer Heimkehr»). In: Stern Nr. 44 (1981), S. 186.
- Wieviel traut sich der Staat zu? In: Der öffentliche Dienst (GZ) 20.11.81.
- Ein Land ohne Politik? In: Gewerksch. Textil, Chemie, Papier (GZ) 3.12.81.
- Die Furcht vor dem Frieden. In: Bau+Holz 17.12.81. Wettbewerb des Grauens [Rede an d. Polen-Demonstration 19: 12.]. In: Die Woche 25.12.81.
- Ein oder zwei Märchen zum Nachdenken [geschrieben f. Gew. Bau+Holz], Biel 1981.

1982 Kaffee, ganz richtig. Gedanken über ein nicht weltbewegendes Thema. In: Die Zeit (Nachdruck aus FR) 21.1.82.
- Nostradamus. In: SI 8.2.82.

- Von Leuten, die lesen ... [Beginn der Kolumnen FR] [«Stadtleser»]. In: FR 15.2.82.
- Die lustige Arbeitslosigkeit. In: Bau+Holz (GZ) 11.2.82.
- Nebenprodukt Freiheit? In: Bau+Holz (GZ) 11.3.82.
- Ein Betriebsrat. In: Bau+Holz (GZ) 25.3.82.
- Erzähl mir vom Wetter! In: SI 5.4.82. Auch FR.
- Rascher Zugriff – milde Strafe. In: Der öffentliche Dienst 30.7.82.
- Man trägt wieder rechts. In: Die Woche 5.8.82.
- Zusammensein – das ist Kultur [Laudatio f. Troxler. In: Vaterland 21.9.82. Fast gleich in: Dokumente zur Verleihung d. Innerschweizer Kulturpreises 1982, Hg. Erziehungsdept. Kt. Luzern, o.J., o. O., S.33-39.
- équilibre (Gedicht). In: Bergen-Enkheimer Zeitung 23.9.82.
- Der entsetzlich gute Schlaf [Massaker in Libanon, Eisenbahnunglück]. In: PTT-Union (GZ) 30.9.82.
- Was antwortet man auf «Liebst Du mich?» [Solothurn, Heimat.] In: SI 18.10.82.
- Vorwort [über Beitritt des Kantons Solothurn zur Schweiz 1481 u. die eindrückliche Theateraufführung «Wenn die Chraye chönnte maye»]. In: Dokumentation zum Freilichtspiel der Musik- und Theatergruppe SINE NOMINE, Halten 1982.
- Der grosse Schrecken ... macht den kleinen möglich. In: FR 6.11.82.
- Warten auf Wachstum [die Grünen, CDU etc.]. In: PTT-Union (GZ) 18.11.82.
- Arbeit und Trauerarbeit [sein Vater ‹arbeitete›]. In: SI 13.12.82.
- Beobachtung, Empfindung, Veränderung [Gratulation f. Höllerer]. In: Sprache im Technischen Zeitalter Dez. 1982, S. 242.
- DER LESER ALS ERZÄHLER. Frankfurter Poetik-Vorlesungen, Darmstadt 1982.

1983 Der Widdermann im Jahre 1983 (Horoskope). In: SI 10.1.83

- Arbeit ist nicht alles. In: PTT-Union (GZ) 20.1.83.
- Auf Wiedersehen (sein letztes p.s.). In: SI 27.6.83.
- Wie teuer ist der Frieden? In: Der Aufbau 2.7.83, S. 105 f., Nachdruck aus «Uhuru», Hg. Swissaid.
- Ich bin meine Heimat [Trotz bei Umfragen über ‹Heimat›]. In: Wochen-Zeitung 2.9.83.
- Genf liegt in der Schweiz. In: Wewo 8.9.83.
- Die Entlassung eines Lehrlings. In: Bau+Holz (GZ) 15.9.83.
- Willi Ritschard aus Deitingen. Ein untauglicher Versuch, über einen Freund diskret zu schweigen. In: Willi Ritschard [...], Hg. Peter Hablützel u.a., Hägendorf (ed. Gutenberg) 1983, S.115-127. Auch in: SI 26.9.83 (m. anderen Bildern).
- Die Pressefreiheit ist unnötig. In: Bau+Holz 30.6.83.
- Beim Giessen meiner Palme [Radionachrichten, Langeweile]. In: Wewo 29.9.83.
- Willi, sie lügen wieder [zum Tod Ritschards]. In: Wewo 20.10.83.
- Was für ein Sieg und wann? [zur Friedensdemonstration Bern.] In: Wewo 10.11.83.
- Glosse zum 75. Geburtstag v. Hans Werner Richter. In: St. Galler Tagblatt 12.11.83.
- Aber bitte keine Wetten [Reaktion auf letzte Kolumne, Stammtische ...]. In: Wewo 1.12.83.
- Diese Sätze. In: Kutsch. Literatur a. d. Schweiz. Ein Jahrbuch, Hg. Heinz F. Schafroth u.a., Zürich 1983, S.123-130.
- Nachwort. In: Robert Walser, Geschwister Tanner, Zürich 1983, S.331-361. (Bd. 29 der von Ex Libris hg. Reihe «Frühling der Gegenwart».)
- Zur Eröffnung d. Huss'schen Universitätsbuchhandlung am 25.8.83. Den Freunden des Hauses zum Jahreswechsel 1983/84, Frankfurt (Huss) o.J.; auch i. d. NZZ vom 10./11. Nov. 81, S 67f. u.d.T. «Melusine in Frankfurt».
- Die Schweiz hat einen Sozialisten verloren. In: Willi Ritschard, Sondernummer von Profil. Rote Revue. Sozialdemokratische Zeitschrift für Politik, Wirtschaft und Kultur, Nr. 12/1983.

1984 Für das Waldsterben. In: Wewo 12.1.84. Besserwisserei [durch TV, Lage der SP, H.Hubacher]. In: Bau+Holz 26.1.84 u. andere GZ.
- Adieu Beromünster [B. Radiosüchtigkeit, Spezialisierung RDRS]. In: Wewo 2.2.84.
- Der Preis der Salonfähigkeit [Rede SP-Parteitag Bern]. In: Profil. Rote Revue. Nr. 3, S.2-8.
- Nach der Parteitagsrede. In: Wewo 23.2.84.
- Goethe und der Ziegenhirt [Athen, alter Mann i. Manhattan]. In: Wewo 15.3.84.
- Die Känguruhs und Sokrates [Prostitution d. Sehenswürdigkeiten]. In: Wewo 5.4.84.
- Wie Angst geizig macht [Reichwerden wollen aus Angst]. In: Wewo 26.4.84.
- Der Zeigefinger des Erklärers, in: Willi Ritschard: Bilder und Reden aus seiner Bundesratszeit. Hg. Frank A. Meyer, Zürich 1984, S. 7–16
- Es wird uns allen sanft tun. Nachwort zu Jean Paul: Leben des vergnügten Schulmeisterlein Maria Wutz in Auenthal. Frankfurt 1984 S. 64–103
1988 Notizen zur Misere. In: einspruch Nr. 11, Okt. 1988. Später i. Neuaufl. «Des Schweizers Schweiz» 1989 u. Hoven «Texte».
1989 Die Armee ist tödlich. In: einspruch Nr. 14, Dez. 1989 [Rede vom Januar, gehalten und geschrieben auf Einladung dieser Zeitschrift] Ebenfalls enthalten in d. Neuauflage Des Schweizers Schweiz. S. auch Rubrik Ansprachen.
1990 MÖCHTEN SIE MOZART GEWESEN SEIN? Meditation zu Mozarts Credo-Messe [KV 257]. PREDIGT FÜR DIE ANDERN. Eine Rede für Fernsehprediger. Zürich: Theologischer Verlag. S. auch Rubrik Ansprachen.
1991 Passen Sie auf, der Tisch wackelt. In: Kurt Marti: Texte, Daten,. Bilder, Hg. Christof Mauch, Frankfurt 1991, S. 71–75 [Beitrag zum 70. Geburtstag von Marti].
- Er aber steht geduldig an der Pforte des 20. Jahrhunderts. Rede z. Jean-Paul Woche. In: H. Hoven: Texte, Daten, Bilder 1991, s. auch Rubrik Ansprachen.

- Das desinteressierte Interesse. Gefragt sind bewegte Bilder, nicht Programme. Nachwort (S. 247–53) zu: Schöne Fernseh-Aussichten. Die folgenreiche Demontage einer öffentlichen Institution. Hg. Fredi Hänni u.a., Basel.
- Jahresgabe des sozialdemokratischen Pressevereins der SPS. Holzschnitte von Schang Hutter, Geschichten von P.B., Weihnachten 1991 [B.-Archiv Berlin]
- Jetzt nur nicht die Wut verlieren [zum Tod M. Frischs]. In: einspruch, Juni 1991, S. 4–6. S. auch Rubrik Ansprachen.
- Bildkommentare und die Glosse über Frischs Schwimmkünste (S. 60) in der Frisch-Sondernummer der Zs. «Du» 1991/12.
- Das Menschenrecht auf Biographie. Über Nationalismus und die unnütze Utopie der Literatur. [Rede Bergen-Enkheim s. u.]. In: FR 31. 8. 91.

1993 An die Schweiz erinnern [Schweiz und O. F Walter]. In: Der Ort einer verlorenen Utopie, Hg. Martin Lüdke, Reinbek: Rowohlt 1993, S. 15–24.

1994 Amerikanische Geschichten, mit 4 Holzschnitten von Uwe Bremer, Albert Schindehütte, Johannes Vennekamp u. Arno Waldschmidt, Öhningen: Edition Brandstätter 1994. [B.-Archiv Berlin]
- Von den Schwierigkeiten, meinen Freund Siegfried Unseld zu beschreiben. In: Der Verleger und seine Autoren. S. U. zum 70. Geburtstag, Frankfurt: Suhrkamp 1994, S. 150–55. S. u. Ansprachen.
- CUNY-GESCHICHTEN, Hg. Tamara S. Evans, N.Y. 1994. (Pro Helvetia-Publikation 8).
- «Dicebamus hesterna die». «Deciamos ayer». «Gestern waren wir stehen geblieben bei...». In: P. B.. Ein Treffen mit dem Schriftsteller über sein Werk. S. 17–22; s. u. Rubrik II, 1 (ausserdem I, 2).
- Entweder ich bin ein Dichter [über Friedrich Glauser]. In: Die Zeit 7.1.94.
- «Es gibt nur eine Sprache». Grenzgänge im Mythos der viersprachigen Schweiz. In: NZZ, 24.11.94, S. 73.

- Nachwort zu E. T. A. Hoffmann: Klein Zaches genannt Zinnober. Reinbek 1994, S. 179–85.
1995 Radio an und für sich. In: ZeitSchrift (Reformatio) 44/6 (1195), S. 427–29.
- Beitrag in: Eine Handvoll Menschen und mehr: von und über Manfred Schwarz [...], Hg. Gottfried Wyss-Jäggi u. a., Derendingen.
- Als die Technik frei machte. In: Pro Litteris Gazzetta Nr. 18, Dez. 1995, S. 4.
- Gefährlicher Schwelbrand. In: Manifest vom 21.1.97. Geschichtsbilder und Antisemitismus in der Schweiz, Hg. M. Dreyfus u. J. Fischer, Zürich: WoZ 1997, S. 23 f.
1997 Ein Land der Unschuld. In: NZZ 6./7.9.97, S. 65 f.

2. Ansprachen, Vorlesungen usw., auch in Radio und Fernsehen.
1964 Vorlesung von 8 Texten aus d. Milchmanngeschichten, WDR 22.12.64.
1965 Vorlesung v. Passagen d. «Jahreszeiten» (Kieninger etc.), WDR 10.12.65.
1966 Vorlesung aus «Jahreszeiten» (Kieninger etc.) anlässlich Tagung Princeton, WDR 20.5.66.
- Diskussionsteilnehmer z. Thema polit. Selbstverständnis, Basel Juli 1966. Vgl. ZW 8.7.66.
1967 Beitrag zum 10. Todestag R. Walsers: TV-DRS 5.1.67.
- Vorlesung und Gespräch mit jungen Leuten in Zürich. Vgl. TA 22.3.67.
- Vorlesung und Gespräch i. einem Frankfurter Gymnasium. Vgl. Die Tat 28.4. u. Spiegel 1.5.67.
1968 Lesung in Aarau. Vgl. Aargauer Tagblatt 6.1.68.
- Bericht über Buchmesse Frankf.: TV-DRS 10.10.68.
- Lesung & Diskussion mit Kindern: WDR 24.10.68.
- Die Lyrik des John Lennon: Radio DRS 11.12.68 & WDR 16.5.69.
1969 Lesung mit W. Vogt u. a. i. Freiburg (Universität): TV-DRS 9.1.69.

- Dem Bestehenden Schwierigkeiten machen. Dankesrede 14.1.69 bei d. Verleihung d. Förderungspreises d. Kantons Solothurn. S. o. Rubrik Texte: 1969.
- Matinee am Hechtplatz Zürich, Lesung aus Kindergeschichten. Vgl. NZZ 24.2.69.
- Lesung in Hamburg. Vgl. Die Welt 23.10.69.

1970 Stellungnahme (mit Bringolf u. a.) zur Fremdarbeiter-Initiative Schwarzenbach: TV-DRS 10.4.70.
- Kontroverse im Schweizer Schriftstellerverein (A. Peer - Bichsel): TV-DRS 25.5.70.

1971 ? Predigt in St. Gerold, Vorarlberg.

1972 Inhaltsangabe der Langeweile (Hörspiel): Radio DRS 16.4.72, WDR 17.5.72 etc.; Wiederholung z. B. 25.3.95 durch Radio DRS 2.
- Bilder aus d. Schweiz (veranlasst durch «Des Schweizers Schw.») TV-ARD 1.9.72. Vgl. NZZ 4.9.72.

1975 Politisches Engagement der Schweizer Schriftsteller (P. B., Marti u. a.): TV-DRS 18.4.75.

1977 Schweizerdeutsch – eine Sprache ohne Schrift. Das Verhältnis des Schweizer Schriftstellers zum Hochdeutschen [Konjunktiv, Frisch u. Dürrenmatt, Unübersetzbares]. Vortrag in Australien 1977 (englisch).
- Die Schweiz – ein Land ohne Kultur? Das Verhältnis einer provinziellen Literatur zum deutschen Kulturraum [Episode Gallimard, Hochdt. für B. keine eigentl. Fremdsprache, aber Kunstsprache, Mundartliteratur, V-Effekt, R. Walser, für den Deutschen haben wir etwas Exotisches]. Vortrag in Australien (englisch).

1979 Lesung vor dem Autorenforum Bonn im Contra-Kreis. Vgl. Bonner Rundschau 26.3.79.
- Lesung aus «Geschichten» in Buchhandl. Köln. Vgl. Kölner Rundschau 10.4.79.
- Lesung «Wo wohnen wir?» im Seminar «Literatur und Raumplanung» an d. Eidg. Technischen Hochschule Zürich im SS 1979. Vgl. «Geschichten» S.175ff.; NZZ 18.5.79.
- Abschied von einer geliebten Kirche. Referat in Boldern Nov. 1979. S.o. Texte 1980.

1980 Gastvorlesung «Die Sprache als Material» an d. Universität Essen (als «poet in residence»), alle 14 Tage im SS. Ausserdem Podiumsdiskussion «Was soll Literatur in der Schule?» 4.6.80.
– Diskussion mit Realschülern in Urdorf. Vgl. Limmatzeitung 9.6.80.
– Predigt an der «Gfenner Nacht» (Kt. Zürich) 27.9.80.
1981 Das prominente Mikrophon: Radio DRS 7.6.81. Vgl. TA 9.6.81.
– Lesung «Eine solothurnische Operette» in Solothurn. Vgl. Sol. Ztg. 21.8.81.
– Reportage TV-DRS über Stadtschreiberamt: Rede P. B. 29.8., Rede Frisch u. Stadt 29.8.81. Ausserdem Reportage und Interview am 10.9.81.
– Rede auf d. Kundgebung der Gewerkschaften in Bern (Polen, Solidarität). Vgl. Texte.
– Dankesrede Bergen-Enkheim 28.8.81. S. o. Texte.
1982 Vorlesung an d. J.W. Goethe-Universität Frankfurt: «Mich interessiert d. Vorgang d. Veränderns [...] 12.1.-9.2.82.
– Lesung u. a. aus «Der Busant» in der Martinsgemeinde Darmstadt. Vgl. Darmstädter Echo 5.4.82.
– Lesung im Funkhaus Hannover: «Karriere» («Laufbahn»), «Der Busant». Anschliessend Diskussion, geleitet von Gisela Lindemann [B.: Histor. Druck einer Kleinstadt, Busant].
– Beitrag zu den Frankfurter Römerberg-Gesprächen über Diskriminierung. Vgl. Die Zeit 28.5.82.
– Lesung in Bonn aus «Busant-Magelone» u. «Karriere». Einführung Beda Allemann. Vgl. General-Anzeiger, Bonn 17./18.7.82.
– Beantwortung von Hörerfragen [Frankfurt/Solothurn, Mundart]: Radio DRS 5.8.82.
– Rede auf d. Buchmesse 7.10.82. Vgl. Die Zeit 22.10.81.
1983 Zytlupe [Zeitlupe]-Sendungen in Mundart (je etwa 5 Minuten) vom 5.2.-11.6.83. Themen: Hart – weich; alt & jung; Debile; Lotto; Mut - Angst; Autos & Wachstum; vor der Katastrophe. Radio DRS 1, Studio Bern.

- Festrede am 100-Jahr-Jubiläum des Verbands Schweizer Journalisten in Zürich (25.6.83). [Objektivität sei schwer möglich; mögliche Abwehr des Gigantismus («Rauschen können nur die kleinen Blätter»).] Teilabdruck TA 27.6.83.
- Gespräch & Lesung mit und für Kinder im Südfunkstudio Karlsruhe. Vgl. Bad. Neueste Nachr. 1.7.83.
- Buchtip d. Woche: «Der Verdammte der Inseln» v. J. Conrad: Bayr. Rundfunk 30.7.83.
- Zytlupe-Sendungen 3.9.-17.12.83 (wie Frühjahr). [Themen: Szene alte Frau – Neger; Pornogr. & Jugend; Einfälle; Sekten; das Visuelle; Zeitbegriff; Nekrologe].
- Rede zur Eröffnung d. Buchhandlung von Frau Huss in Frankfurt am 25.8.83. Vgl. auch o. Texte.
- Zum Tode Bundesrat Ritschards: Radio DRS 17.10.83 (Mundart).

1984 Rede des Gemeindepräsidenten im Film «Der Gemeindepräsident» von Bernhard Giger. Vgl. z. B. Der Bund 14.1.84.
- Vorlesungen in Thessaloniki, Athen und Kairo (22.2.-1.3.84).
- Lesung aus Werken von L. Hohl an der Matinee zu dessen Ehren mit Frisch, Handke u. a. im Schauspielhaus Zürich 29.4.84.
- Lesung der noch unveröffentl. Erzählung «Warten in Baden-Baden» (ca. 1 Std.) i. d. Stadtbücherei Wiesbaden (3.9.84), Buchhändlerschule Frankfurt (7.9.84) u. i. d. Buchhandlung Rose Opfer in Boppard bei Köln (7.9.84). Vgl. z. B. Wiesbadener Tagblatt 5.9.84.

1986 Predigt für die andern am 12.3.86 bei der Verabschiedung bisheriger und Einsetzung neuer «Wort zum Sonntag»-Sprecherinnen und Sprecher. S. o. Publikation MÖCHTEN SIE MOZART [...]? 1990.

1987 Rede «Der Virus Reichtum». Rede am 25.9.87 vor der Delegiertenversammlung Bau+Holz (GBH) in Davos. Gedruckt in: einspruch Nr. 8 (Dez. 1987) und i. d. Neuaufl. von DES SCHWEIZERS SCHWEIZ.

1989 Die Armee ist tödlich. Rede am 21.1.89 in der Basler «Kulturwerkstatt Kaserne» auf Einladung der Zs. einspruch im Zusammenhang mit der Initiative zur Abschaffung der Schweizer Armee (die am 26.11. vom Volk verworfen wurde).
1990 Möchten Sie Mozart gewesen sein? Musikalische Meditation mit Chor und Orchester des Schweizer Fernsehens DRS in der St. Laurenzen Kirche St. Gallen im März 1990. Eine Gemeinschaftsproduktion DRS mit Radio Bremen und dem Hessischen Rundfunk; Erstsendung DRS 8.4.90. S. o. Texte.
– Dicebamus hester die [...]. Ansprache an der Universidad de Salamanca 17.–19. 90. [über den Auftritt des Häretikers Fray León in Salamanca]. S. o. I, 1 (Druckfassung) u. Rubrik II, 1: Sammelband (1994).
1991 Abschied von Max Frisch: Aufzeichnung der Trauerfeier für M. F. in der Kirche St. Peter durch Radio DRS 2. Sendung 9.4.91. Ansprachen von P. B. und M. Seigner.
– Das Menschenrecht auf Biographie. [...] Rede zum Stadtschreiberfest Bergen-Enkheim. S. o. Texte.
– Er aber steht geduldig an der Pforte des zwanzigsten Jahrhunderts. Rede zur Jean-Paul-Woche in Bayreuth am 2. Juni 1991. So. o. Texte, Hoven «Texte».
1992 Referat auf d. Pressekonferenz d. Komitees «Für eine soziale Schweiz i. e. sozialen Europa – kritisch für den EWR». Vgl. NZZ 7.10.92; P. B. «Ich freue mich auf das Dazugehören». Vgl. auch Rubrik Gespräche.
1993 P. B. liest «24. Dezember» und andere Texte aus «Zur Stadt Paris»: Radio DRS, Studio Zürich (Passage 2) am 25.12.93. Im Gespräch mit Hans U. Probst kommentiert P. B. auch das Weihnachtsmotiv.
1994 Von den Schwierigkeiten, meinen Freund Siegfried Unseld zu beschreiben, Rede. B. s. (18 Min.) zu Unselds 70. Geburtstag im Sept. 1994 (s. o. Texte). Aufnahme im Tonarchiv SV.

– Warum ist der Himmel so weit weg von der Erde. Lesung P. B. s., Radio DRS I am 3.4.94 [über Entfremdung des Menschen von Erde, Natur und Himmel].
1997 Zytlupe 20.12.97; die letzte nach 14 Jahren. Über frühere u. jetzige Abschiedsrituale i. seiner Familie [3mal «Adieu»].

3. Briefe
1962 An die Feuilletonredaktion der «Tat» (Zürich), 20.9. u. 12.12.62. Unveröffentl.
1963-1965 An Otto F. Walter bzw. den Verlag Walter, aus Zuchwil, Berlin etc., 17 Briefe vom 11.2.63 an über Entstehung u. Schicksal d. Milchmanngeschichten. Darunter in: Otto F. Walter: Folgendes. Über die Kunst, die Mühe und das Vergnügen, Bücher zu machen, Hg. Martin Zingg, Basel 1998, zwei veröffentl. Briefe vom 11.2.63 [B. schickt 19 Geschichten] und vom 28.11.64 [Dank]. Die meisten aber unveröffentl.; ungefähr gleich viele Antwortbriefe Walters an P. B.;
63/64«Lieber Herr» [Walter], Berlin 18.11. & 22.2.64. In: Walter Druck O. Sammlung zu einer Sammlung neuer Bücher, Olten 1964, S.47–49.
1964 Hans W. Richter an «Herrn Bixel», Bibione 4.7.64. In: Ausstellungs-Begleitheft, Hg. Paschek 1982.
1964 An Senator Dr. Biermann-Ratjen in Hamburg, Zuchwil 8.12.64. Unveröffentl.
1966 An den Stadtammann von Olten, Zuchwil 30.4.66. Unveröffentl.
1967 An den Parteifreund Iwan Grob (Diskussion um «Des Schweizers Schweiz»). In: Das Volk (Solothurn) 5.10.67. Dort erschien d. Brief Grobs am 30.9.67.
– W. Widmer an Gallimard 1967 wegen Übersetzung, unveröffentl.
1970 An Herrn Beidler [Austritt aus d. Schweizer Schriftstellerverein], Bellach 7.4.70. Unveröffentl.
1973 An Josef Heiliger. Auszug in: Sprachunterricht in der Grundschule, Hg. Weisgerber 1973.

1979 An Landammann u. Regierungsräte Kt. Solothurn, Solothurn 17. Dez. 79. Unveröffentl.

4. Gespräche, Interviews – auch in Radio und Fernsehen.
1965 Telefongespräch über Preis der «Gruppe 47» (hh). In: Wewo 6.11.65.
1966 Mit M. & E. Baumann [Bedenken über d. Beruf d. freien Schriftstellers, «Gruppe 47», «Jahreszeiten», Aufgabe, ein Inventar aufzunehmen]. In: Berner Tagblatt, 19./20.11.66.
1967 Mit Mario Cortesi («Neu überdenken heisst Opposition») [über TV, Thema Kleinbürger, «Schreiben hat m. Opposition zu tun»]. National Zeitung 24.9.67.
1968 Mit H. Loetscher [über eine Literaturtagung]: TV-DRS 10.4.68.
1970 Mit Werner Bucher. P.B.: Mich interessiert was auf dem Papier geschieht», in: W.B. (Hg.): Schweizer Schriftsteller im Gespräch Bd. l, Basel 1970. s. auch n. Rubrik II.
1971 Mit Rudolf Bussmann. In: Der Schriftsteller u. sein Verhältnis zur Sprache, Hg. P. A. Bloch, Bern 1971.
– Mit Hans-Rudolf Haller («Wenn man v. d. Prüfungsschule spricht...») . In: TA 17.11.71.
1972 Mit Rudolf Bussmann («Was wäre, wenn»). In: Schweizer Schriftsteller in unserer Zeit [...], Hg. P. A. Bloch u. a., Bern 1972. Dazu Antworten aus einem Fragebogen.
1976 Mit Hans Haider [Arbeit f. d. Bundesrat, Thema Kernkraftwerke]. In: Die Presse 28.12.76.
1979 Mit Bahnhofvorstand Stettler (Blausee-Mitholz) [Ruhm, Schriftstellerei]. TV-DRS 18.4.79.
– Mit Peter Rüedi [über «Geschichten», Clichés, Scheitern]. In: Wewo 11.4.79.
– Gespräch über d. Thema Schweiz: Fernsehen DRS. S. Aargauer Tagblatt 16.11.79.
1980 Mit Helga Perz [über «Geschichten»]. Österr. Rundfunk 1, 9.2.80.
1981 Mit Alfred Häsler («Ich beschimpfe gern, was ich liebe»). In: Ex Libris Nr. 1/2 1981.

- Mit Vincent Philippe, französisch [B. spricht mit d. Freund Yves Velan englisch]. In: Tribune de Lausanne 11.1.81 [anlässlich der Lesung in Lausanne].
- Mit Dušan Šimko («Ich bin nicht als Tourist hier») [i. d. Schweiz] . In: Deutsches Allgemeines Sonntagsblatt 5.4.81.
- Mit Robert Naef («Herr Bichsel, geben Sie Ritschard den Laufpass?»). In: SonntagsBlick 12.7.81.
- Mit Jürg Moser [Darstellung der Kleinkariertheit]. In: Nebelspalter 1.9.81.
- Mit Schülern der Schule am Ried [Deutschland, Frankreich]. In: Bergen-Enkheimer Ztg. 10.12.81.
- Besuch des Ehepaars B. bei Jean von Salis auf Schloss Brunegg am 1.8.81; über die von S. gedruckten Notizen des Gesprächs s. J. R. v. S.: Notizen eines Müssiggängers, Zürich 1983, S. 23–25 etc..

1982 Mit Carl Paschek [über kommende Vorlesungen, Stifter, Hebel] . In: Uni-Report 6.1.82.
- Mit Carl Paschek (Wenn einer Pfeife raucht ...»). In: Begleitheft z. Ausstellung, Frankf. 1982; auch in: Poetik
- Mit Thomas P. Eggelin. In: Börsenblatt d. dt. Buchhandels 12.1.82.
- Mit Günter Gaus [über Goethe/Politik]. NDR 22.3.82. In: Goethe – ein Denkmal wird lebendig, Hg. Harald Eggebrecht, München 1982, S.80–90.
- P. B. am 1.8.82 zu Gast bei Radio DRS. B. zieht Bilanz ü. seine Zeit als Stadtschreiber in Bergen-Enkheim. Gespräche, Hörertelefons. Über 1. August. Weg (und Flucht) aus einer Enge, die man sehr liebt. Glaube, daß man dort, wo man seinen Ärger hat, zu Hause ist. Heimat als etwas Privates.
- Mit Jutta Baier & H. H. Schildberg [erste Bilanz von Bergen-Enkheim, Startbahn West, Ernst Jünger, Moralismus]. In: Akt (Aktuelles Theater, Frankfurt), Juli/ Aug. 1982.
- Mit Hp. Rederlechner [Publizitätsrummel, freiwilliges Exil Bergen-E.]. In: Solothurner Zeitung. 1.9.82.

- Mit Frank A. Meyer («vis-à-vis»): TV-DRS 12.9.82; s. u. 1987.
- Mit Guido Baumann. In: SI 20.9.82, S.26–30 (m. Bildern Bergen-Enkheim).
- Mit Beat Hugi. In: Coop-Zeitung 21.10.82 (mit andern Beiträgen über «Beizen»).
- Mit Gisela Lindemann («Meine Gedichte»): NDR 4.11.82 [«Anna Blume» v. Schwitters eines der liebsten; Erinnerung an Kauf des Gedichtbandes mit 17 Jahren; «Im Frühling» v. Mörike].

1983 Mit Monique Laederach («Parler pour ceux qui n'ont pas de langue») . In: La Liberté, Fribourg 22.1.83.
- Mit Klaus-Michael Hinz («Die Schwermut der Köche. P. B.s Poetik») [«Romane lesen» v. Walter Benjamin, Drogenwirkung des Lesens]. In: FR 19.2.83.
- Kurzer Beitrag zur Umfrage «Angst ist nicht teilbar». In: Coop-Zeitung 29.12.83.
- Mit Konrad Tönz i. d. Sendereihe «Mensch und Arbeit» (erster Schriftsteller i. d. Reihe): Radio DRS 31.12.83.
- Mit Cegienas de Groot. In: Deutsche Bücher (Referatorgan, vormals Het Duitse Boek, Amsterdam), 1983/1, S.1–17.

1985 Blumen an den Nelkenweg. Eine Sendung über P. B. am 21.3.85 von Radio DRS: Verschiedene Bellacher und Solothurner werden anläßlich des 50. Geburtstags B.s über ihren Mitbürger befragt.
- «Literatur ist immer auch eine Entschuldigung»; Hp. Rederlechner im Gespräch mit B. In: Solothurner Zeitung, 6.8.85, S. 17.
- Über «Der Busant» in Radio DRS («Reflexe: Literatur»), Gespräch mit H. U. Probst am 28.8.85 [P. B. denkt, er sei kein Romancier, vielmehr ein Feuilletonist].

1987 Vis-à-vis mit Peter Bichsel. In: Frank A. Meyer: Vis-à-vis. Gespräche mit Zeitgenossen. Zürich 1987, S. 29–50.
- Radio DRS «Der Kopfhörer» 15.4.87 [Gespräch mit Otmar Hersche über die Neuauflage «Des Schweizers Schw.»; diese Schrift sei leider immer noch aktuell. Re-

signation. B. findet, Optimismus habe der Welt meist geschadet].
- Mit David Ward (am 7.6.87 im Dartmouth College) vor allem über die Diglossie der Deutschschweizer. Gedruckt in: Monatshefte, Madison USA 1988, S. 9–21.

1989 In Radio DRS «Doppelpunkt» 1.1.89: Gerede ü. eine Rede P. B.s («Der Virus Reichtum»). S. o. die Rede 25.9.87.
- Dorothee Sölle und P. B. im Gespräch i. d. Aula d. Universität Zürich am 23.2.89, (veranstaltet von der Evangelischen Hochschulgemeinde) in: D. Sölle, P. B., Klara Obermüller: Teschuwa (Umkehr), Zürich 1989.
- Gerhard Mack im Gespräch mit P. B. über die Schweiz: «Die grösste kulturelle Identität ist die Armee». In: FR 3.8.91, S. 17.

1990 Seminar vom 17.–19.X,90 in Salamanca mit Dozenten und Studenten d. dortigen Universität. S. u. d. Rubrik II, 1 (1994). In diesen Tagen auch Gespräch P. B.s mit Christina Jarillot Rodal; i. d. Druckfassung S. 175–85.

1992 Mit Schwingerkönig Silvio Rüfenacht über «Sonderfall Schweiz» [B. für Öffnung, R. für Vorsicht] und Medien als Chance u. Gefahr [B. Gefahr, R. gelassen], Fernsehen DRS 10. u. 12. Nov.; s. NZZ 16.11.92, S. 14.
- Gespräch mit P. B. am 12.12.92 ü. europäische Integration in Radio DRS in Focus.

1993 Lustige und traurige Geschichten zur Zeit. Gespräch mit Kurt Brandenberger ü. linke Utopien, kaltes Management u. die Sorgen der Arbeiter. In: Wewo 23.12.93, S. 1 f.

1995 Ich lebe gerne allein unter Menschen; Guido Stefani i. Gespräch mit B. In Brückenbauer, Zürich 1995, S. 40–45.
- Interview Radio DRS vom 24.3.95 [B.s Verhältnis zu Solothurn, seine Abneigung gegen den Ausdruck «Prominenz»; das sei bei Waren ein Ausbund; gegen das Sich-zur-Schau-stellen].
- Radio DRS Geburtstagssendung am 24.3.95 in einem Solothurner Wirtshaus. Gespräche mit Wirtin und Gästen.

Für B. sind Beizen das, was früher der Coiffeur oder die Käserei waren.
- Gespräch mit Erwin Koller in Radio DRS 26.3.95 in der Serie «Sternstunde der Philosophie».
- «Peter Bichsel, sind Sie auch heimatmüde?» Robert Naef i. Gespräch mit B., in: Schweizer Illustrierte 16.10.95, S. 105–107.

1996 Mit Rolf Jucker («Ich bin für die Unruhe»). In: Rolf Jukker (Hg.): Peter Bichsel, 1996 (s. u.).
- Wir hätten in Spiez umsteigen sollen. Elektronisches Tagebuch des Stadtschreibers von Mainz im Auftrag des ZDF (Aufnahmedatum 12.12.96). Videokassette z. B. in ZB Solothurn.

1997 Mit Pfarrerin Florence Develey (sie ist Sprecherin von «Wort zum Sonntag» im Fernsehen, früher Model, katholisch, Assistentin Thomas Gottschalks. Über Geschichten auch die der Bibel, ihre Konversation, das Wort «Amen». Übertragung aus dem Restaurant Atlantis Basel), Radio DRS 23.2.97.
- Mit Erwin Koller in «Sternstunde Philosophie» Radio DRS 26.3.97. In der Gesprächsrunde mit Lehrpersonen über d. Wandel i. Schweiz. Schulsystem. B.s Frage, wieweit die Lehrenden berechtigt seien, Kinder von ihren Eltern zu entfremden. S. NZZ 25./ 26.3.95, S. 52: P. B.: «Dichterleben und schulischer Wandel».
- «Das Leben muss gemeint sein» [über Bettag]; W. Südbeck-Baur im Gespräch mit B., in: St. Galler Tagblatt 20.9.97.

ÜBER PETER BICHSEL

1. Biographisches, allgemein, z. T. auch Radio- und Filmreportagen.

1964 Walter, Otto F.: Bemerkungen z. ersten Buch v. P.B. Nachwort z. Walter-Druck Nr.2, 1964.

1965 Zanetti, Gerardo: Herr Lehrer – ich häng Sie übers Bett [Besuch im Schulhaus Zuchwil, B. übt Freiübungen]. In: Die Woche (Olten) 15.12.65.

1966 Allemann, Beda damals Laudatio. In: Oltener Tagblatt 11.5.66.

1967 Brion, Marcel (de l'Académic française): «Destin Allemand: Destin humain [über B. u. a.; Bichsel anders als die Deutschen]. In: Le Monde 2.8.67.

1969 Leber, Hugo: P.B. écrivain alémanique. In: Alliance culturelle romande, Sept. 1969.

1970 Plumyene, Jean: [l'angoissante trivialité, le spleen de P. B.] . In: Magazine littéraire, Sept. 19 70.

- Bloching, Karl-Heinz: [Journalistisches, Lyrik, Prosa]. In: Der Evangelische Buchberater 24/4 (1979), S.245 – 253.

- Bucher, Werner: In: Schweizer Schriftsteller im Gespräch, Hg. W. Bucher u. a., Basel 1970, S.13–17 s. auch o. Rubrik Gespräche.

- Kniffke, Frédéric: u. Schweyer, Marc: La jeune génération littéraire en Suisse Alémanique (P. B. et A. Muschg; M. Sch. über B., S.528–540.) In: Revue d'Allemagne Nr .4, 1970.

1972 an. In: Modern German Literature, Hg. Körner Dormand, New York 1972, S.68 f.

1973 Mandel, S.: Group 47, The Reflected Intellect, Carbondale (III.) 1973, S.75 f.

- Schafroth, Heinz F.: Das Panzernashorn (Bichsels Schweigen). In: Basler Nachrichten 26.5.73.

1974 Pulver, Elsbeth: («Literarische Legitimation der Kurzprosa»). In: Die deutschsprachige Literatur der Schweiz seit 1945 (Kindlers Literaturgesch. d. Gegenwart), Zürich 1974, S.290–295. Zum Teil ergänzt i. d. aktualisierten Ausg., Frankfurt 1980.

- Schafroth, Heinz R.: Nachwort zu Stockwerke, Stuttgart 1974, S.72–78.

- Schiltknecht, Wilfred: Le Roman Contemporain en Suisse Allemande [Kap.14: Autismus, schwer entdeckbarer Humor, desinvolture, Einfluss Heissenbüttels, Wittgensteins], Renens 1974, S.158–167, 189.

1975 Isler, Ursula: Die bequemen Revolutionäre. [Kritische] Antwort an P. B.s P.S. im TA-Magazin vom 2.8. In: TA-Magazin Nr. 33, Aug. 1975.
1976 Kurucz, Gynla: Nachwort zur ungarischen Anthologie neuer Schweizer Schriftsteller (in der P. B. allerdings nicht vertreten ist!). In: Szabályzatok 1976, S.228 (er sei ein «hervorragender» Vertreter).
– Allgöwer, Walter: Abschaffung des Vaterlandes? [Kritik an Bichsels Rede in Lausanne: Negation d. Freiheitsbegriffs, Realitätsblindheit]. In: Wir Brückenbauer 30.7.76.
– Nejedlá, Monika: Der Schweizer Prosaist P. B. [Deutsche Dissertation d. Karlsuniversität, Prag]. Vgl. Germanistische Dissertationen in Kurzfassungen, Jahrbuch für internationale Germanistik B/4, Bern 1979.
1979 Sell, Rainer: Stagnation und Aufbruch in Bichsels Milchmann- und Kindergeschichten [u. a. Das Prinzip «Kolumbus» als Befreiung, S.268]. In: Amsterdamer Beiträge zur neuen Germanistik Bd.9 (1979), S.255–273.
– an.: P. B. [mit kurzer Bibliographie]. In: Contemporary Authors, Vol. 81–84 (1979), S.55 f.
1980 Schafroth, Heinz F.: P. B. [mit Werkverzeichnis, Stand 1978]. In: Kritisches Lexikon zur deutschsprachigen Gegenwartsliteratur, Hg. H. L. Arnold 5. Nlg. [Stand 1.6.80].
1981 Padel, Gerd H.: Bichsels Spiegel [gegen «Spiegel»-Artikel]. In: Basler Zeitung 8.1.81.
– Ld.: Ritschard im Jammertal der Bundesfinanzen. Oder: Das Ende der Unschuld des Peter Bichsel [gegen «Spiegel»-Artikel]. In: NZZ 10./11.1.81.
– Siegrist, Samuel: Bichsel u. d. Bestechlichkeit unserer Politiker. In: Aargauer Tagblatt 4.2.81.
– Bollmann, Ulrich: Marschieren und kassieren ... Oder wie der Steuerzahler von «Schriftsteller» Bichsel zur Kasse gebeten wird. In: Schweiz. Handelszeitung. 12.2.81.
– Beck, Marcel: Herr Bichsel, der Staatsverschreier [man könne nicht mit Gotthelfs Schimpfen vergleichen]. In: Badener Tagblatt 7.3.81.

- Frisch, Max: Wer heute schreibt, ist sich seiner Ohnmacht bewusst (Laudatio). In: FR 31.8.81.
- Egger, Max: Gedicht als Gratulation z. Stadtschreiberamt. In: Solothurner Zeitung 15.9.81. 1982

1982 Paschek, Carl: Führer durch die Ausstellung. In: Begleitheft zur Ausstellung der Stadt- u. Universitätsbibliothek Frankfurt, Febr. 1982 (Hg. Carl Paschek).
- Sedelnik, Wladimir: [«Entdeckung d. Wirklichkeit u. Suche nach d. Helden»]. In: Voprosy Literatury (Russ. Monatsschrift f. Probleme d. Literatur) 1982/2. Zitat daraus im Literaturbericht Felix Ph. Ingolds in: Schweizer Monatshefte 63/6 (1983), S.461.
- Zimmermann, Hans Dieter: Die Sprache der Poesie und die Sprache der Politik. Zu den «Geschichten» des Schweizer Schriftstellers P. B.. In: Pascheks Begleitheft, S. 1 – 19.
- Steiner-Kuhn, Susanne: Schreiben im Dazwischen-Sein. Zu R. Walser u. P. B., mit einem Seitenblick auf J. Hch. Pestalozzi u. Otto F. Walter, Bern 1982.
- Meyer, Frank A.: Peter ist ein verschlossener Kerl [über Besuch Ritschards P. B.s i. Frankfurt; Empfang, Unseld, Universität, Ausstellung]. In: Die Woche, 12.2.82.
- Ubenauf, Georg: Ein Dichter zum Anfassen [Atmosphäre Bergen, E. Schneider]. In: Die Woche, 12.2.82.
- R. M.: Ein Schweizer Schriftsteller als Stadtschreiber in Deutschland. In: NZZ 30.6.82.
- fhd.: P. B. in Solothurn empfangen. In: Solothurner AZ 3.9.82.

1983 Akman, Gülgün: Çağdas Isviçre Peter Bichsel ve Eserleri [Der zeitgenössische Schweizer Autor P. B. und seine Werke]. In. Çocuk Hikâyeleri [Kindergeschichten, übersetzt von G. Akman], Ankara 1983, S. 3–9. Ähnlich in: Ege Bati Dilleri ve Edebiyati Dergisi (Aegean Journal of Language and Literature), Izmir 1983/1, S. 139–146. [Im Anhang Übersetzung von Der Milchmann].

1984 AUSKUNFT FÜR LESER, Hg. Herbert Hoven (verschiedene Nachdrucke), Darmstadt 1984. Neu: Otto F. Walter: Wie ich P. B. kennenlernte; K. H. Spinner: Wir Schweizer sind Schweizer sind Schweizer; Rolf Niederhauser: Ein klein wenig sensibler für das Unbedeutende werden. P. B.s literarische Politik; Leo Kreutzer: Bitt-Brief an B.; H. Hoven: P. B.s Nachdenken über die Schule.

1985 Utz, Peter: P. B.s freundliche Erzählpädagogik [über Der Busant u. Schulmeistereien], in: Schweizer Monatshefte 65 (1985), S. 990–95.

– Walter, Otto F.: Die Kindergeschichten und Gorkis Frage. In: P. B., Kindergeschichten. Sonderausgabe, Darmstadt 1985. Auch in: Hoven «Texte».

1990 Hage, Volker: P. B. In: Neues Handbuch der deutschen Gegenwartsliteratur seit 1945, begründet von H. Kunisch, München 1990, S. 71 f.

1993 Filmporträt von Werner Zeindler «Allein unter Leuten», Südwest 3. 25.3.93 [Videoaufnahmen u. a. ZB Solothurn und im SV]: Bilder und Gespräche in vier Solothurner Beizen. (Selbst)Gespräche. Vgl. NZZ 27./28.3.93, S. 32.

1994 Peter Bichsel. Ein Treffen mit dem Schriftsteller über sein Werk, Hg. Oferial Marti Peña, Salamanca: Ediciones Universidad de S. 94. Enthält 15 Referate, darunter P. B.s Rede; ausserdem ein Gespräch mit P. B.; s. o. Rubriken I,1, I,2 & I,4.

– Reich-Ranicki, Marcel: Das Barometer von Sigtuna. In: Literarisches Leben in Deutschland, München 1994.

– Denneler, Iris: Das Weisse zwischen den Wörtern. Überlegungen zu P. B.s Poetik des Verschweigens. In: Colloquia Germanica 29/4 (1994) S. 355–82.

1995 Hoven, Herbert: Der Dichter als Journalist. In: Wewo Nr. 12; 23. März 1995, S. 62.

– Ders.: Texte, Daten, Bilder, Hamburg: 1995. (Erstdrukke: Ludwig Harig: Was willst du in Tarragona?; Martin Zingg: Schwer widerlegbare Sätze. P. B.s Geschichten über Literatur; H .H.: Den Gedanken nachgehen. Zu P. B.s Kolumnen.)

1996 Jucker, Rolf (Hg.): Peter Bichsel, Cardiff: UP Wales 1996.

2. Milchmanngeschichten (1964)

an. (D.J.) [«Aus einem Nichts wird ein kleines Etwas gemacht»]. In: St. Galler Tagblatt 6.12.64.

an. [über einfache Sprache, Melancholie]. In: Nowe Książki Nr. 22 (1964).

an.: Daily Longings [über Übersetzg. M. Hamburgers u. a. Neuerschein.]. In: The Listener 20.6.68.

an. (V.K=V. Kafka). Tschechisches Nachwort z. tschech. Texten. In: Světová literatura 4 (1966). S. Anhang.

an. (Wsk): Hinweis zur Neuauflage 1980. In: FAZ 8.5.81.

Burger, Hermann: Die Geschichte soll auf dem Papier geschehen. P. B.: «Eigentl. möchte Frau Blum [...]». In: H.B.: Ein Mann aus Wörtern, Frankfurt 1983, S.189–213. [Aus d. Habilitationsschr. «Studien zur zeitgen. Schweizer Literatur 1974», unveröffentl.].

Einhorn, Jürgen W.: «Helmbrecht» – (wieder) in der Schule gelesen. [Vergleich mit Bichsels «Die Tochter»; Generationenkonflikt]. In: Festschrift K. Ruh, Tübingen 1979, S.51–68.

Emminger, Eckhard: Literaturdidaktische Analyse der Kurzgeschichte «Die Tochter» von P. B.. In: Literaturdidaktische Analysen, Hg. Alb. Weber u. a., Freiburg i. B. 1980, S. 9–111.

Gramingo, Giuliano: Il Lattaio [«La rudimentalità, l'approssimazione dei testi ... sono del tutto ingannevoli»]. In: Fiera Letteraria (Milano), Nr.14, 1968.

Hayasaki, Motitoshi, Japan. Nachwort [im Rahmen der sehr genau berechneten Struktur würden die Menschen auf bescheidene Weise karikiert] I. d. Textauswahl d. Asahi Verlags, Tokio 1973.

Hilsbecher, Walter: Vom Geheimnis des Banalen. In: Frankfurter Hefte 20/5 (1965), S.360–362.

Meier, Regula A.: P. B.s Kurzprosa in [...]. In: Theorie und Kritik, Festschrift G. Loose, Bern 1974, S.141–148.

Michaelis, Rolf: Gespräche mit dem Briefkasten. In: FAZ 7.11.64.

Mohrt, Michael: L'originalité est dans la forme (Le Laitier). In: Figaro Littéraire 27.8.67.

Nayhauss, Hans-Chr. Graf von: Lehrpraktische Analysen [zu Stockwerke etc.], Stuttgart 1978.

Ders.: P. B.s «Erklärung». In: literatur für leser, München, H. 1, 1979, S.67–73.

Nolte, Jost: Milchmann oder Epileptiker? [P. B. u. Th. Bernhard]. In: Die Welt d. Literatur 12.11.64.

Nonnemann, Klaus: Gutachten an d. Verlag, bzw. Brief an O. F. Walter, etwas mehr als 6 Seiten. Unveröffentl.

Pawlowa, Nina. Nachwort zur russischen Anthologie, in der von Bichsel Der Milchmann, Die Tochter, Pfingstrosen, Die Tante, Das Kartenspiel, Die Beamten in russischer Übersetzung erschienen sind. In: Zürich transit, Moskau 1970, S. 241, 243, 245

Petersen, Jürgen: Schweizer Erzähler. In: Merkur 19 (1965), S.592 f.

Reich-Ranicki, Marcel: Vom verfehlten Leben. In: Die Zeit 16.10.64. Auch in: Literatur der kleinen Schritte, München 1967 u. AUSKUNFT 1984.

Scherner, Maximilian: Text und Sinn. In: Der Deutschunterricht 24/3 (1972), S.61 f., 65 f.

Schneider, Jean-Claude: Le Laitier [Vergleich mit A. Schmidt, Kafka]. In: La Nouvelle Revue Française, Sept. 1967, S.532–534.

Tailleur, Jean: Traduit du Suisse (Le Laitier). In: La Quinzaine littéraire, 1.–15.5.67.

Weber, Werner. In: NZZ 17.10.64. Ähnlich in: Tagebuch eines Lesers, Olten 1965, S.258–264.

wa./sr. [O. F. Walter]: Aktennotiz zum Manuskript 26.6.63, etwas mehr als 1 Seite. Unveröffentl.

Ders.: Zum Thema P.B. 21.4.66 [Bericht über Auftrag u. Erfolg], 4 Seiten, unveröffentl.

Werth, Wolfgang: Einbruch der Realität (über P. B. und Ror Wolf). In: Der Monat 17 (1964/65), S. 80.

Widmer, Walter: P. B., ein junger Schweizer Autor mit Zukunft. In: National Zeitung 16.10.64.

Wolter, Dietmut E.: Zu P. B.s Kurzgeschichte «Holzwolle». In: Der Deutschunterricht 23/1 (1971), S.18–20.

Woodtli, Susanna: Eigentl. möchte Frau Blum den Milchmann kennenlernen. In: Reformatio, Apr. 65, S.240–244.

3. *Die Jahreszeiten (1967)*

an. In: Informationen (Buch-Apostolat im Bistum Münster) [«Idylle nur zum Schein verwendet, geradezu a. d. Kopf gestellt»] Nr.3, 1969.

an.: Housebound. In: Times Literary Supplement 7.11.68. S. Anhang.

an.: Kurzer poln. Hinweis auf «Pory Roku». In: Literatura na Swiecie 1973, Nr. 4.

Amette, Jacques-Pierre. In: La Quinzaine Littéraire 1.–15.7.70 [Vgl. Mondrian, Robbe-Grillet].

Becker, Jürgen: NDR (Red. G.Lindemann) 18.10.67 [Enttäuschung d. Kritik = Missverständnis].

Blöcker, Günter: Kieninger macht's möglich. In: Süddeutsche Zeitung. 23./24.9.67.

Clerval, Alain: Les Saisons [Robbe-Grillet, «densité ellitique»]. In: L'Art Vivant, Nov. 1970.

Fabian, Rainer: Der Trottel glaubt, er lebe. In: Rheinischer Merkur 8.9.67.

Fritz, Walter Helmut: Der Romanheld lässt grüssen. In: Der Tagesspiegel 24.9.68.

Gamper, Herbert: Der Versuch Papier zu füllen?. In: ZW 29.9.67.

Geissler, Rolf: P. B., Die Jahreszeiten. In: Rolf Geissler/G. Valiaparampil: Sprachversuchungen. Einsichten in eine zeitgenössische literarische Tendenz, Frankfurt 1971. Auch R. Geissler: Zeigen und Erkennen, München 1979.

Grack, Günther. In: Neue Deutsche Hefte 14/3 (1967), S.154 ff.

Grasshoff, Wilhelm. In: Neue Rundschau 78/4 (1967), S.68–687.

Harig, Ludwig: Saarländischer Rundfunk 17.10.68.

Haderlevs [B. bricht schreibend d. karge Brot d. Langeweile, Bewusstseins-Luxus]. In: konkret Sept. 67.

Hrzalová, Hana. In: Rudé Právo 27.7.71.

Jenny, Urs: In einem Haus aus Wörtern wohnen. In: Wewo 15.9.67. Auch in AUSKUNFT 1984.

Kafka, Vladimír: Nachwort zur tschech. Übersetzung von Roční doby (Jahreszeiten) 1970, S.100–103 [Festhalten d. Oberfläche der Dinge, absolutes Ausschliessen d. Psychologie].

Karasek, Hellmuth: Eine verworfene Geschichte. In: Stuttgarter Zeitung 11.10.67. Auszug in: Grenzverschiebung, Hg. Renate Matthaei, Köln 1970.

Kraft, Martin: «D. Jahresz.» In: Schweizerhaus. Das Haus-Motiv im Deutschschw. Roman des 20. Jh.s, Bern 1971, S.59–64.

Krolow, Karl: Besessen vom Geschichtenerzählen. In: Der Hausfreund 1.10.67.

Krättli, Anton: Schweizer Erzähler [über B. s. Jahreszeiten u. Diggelmann]. In: Schweizer Monatshefte 47/7 (1967), S.724–727.

Kuhn, Christoph: Wie Kieninger fest-gestellt wird. In: TA 14.9.67.

Lettau, Reinhard: Kieninger, Nicht-Held. In: Der Spiegel 18.9.67. Auch in: AUSKUNFT 1984.

Malanowski, Tadeusz A.: Czy świadoma bzdura jest satyra [d. Werk als Parodie]. Über d. Übertragung ins Polnische: Pozy Roku (1972). In: Nowe Ksiażki 1973, Nr. 3.

Metrak, Krzysztof: Kieninger sie wymknal. In: Kulisy 1972, Nr. 52–53.

Meyer, Heinrich [«writers perfect nonsense»]. In: Books Abroad, Jan. 1968.

Mielczarek, Zygmunt: P. B.: Die J. Ein Beitrag zur Form u. Gedankenwelt. In: Germanica Wratislaviensia 36 (1980), S.97–105

Michaelis, Rolf: Ein Sprinter beim Marathonlauf. In: FAZ 16.9.67. Auch in: AUSKUNFT 1984.

Nolte, Jost: Zerstörte Illusionen. In: Die Welt d. Literatur 12.10.67.

Reich-Ranicki, Marcel: Versteckspiele mit einer Hauptperson. In: Die Zeit 15.9.67. Auch in: Lauter Verrisse, München 1970, und AUSKUNFT 1984.

Sadurski, Wojciech: Opowieść o nieprawdziwym czlowieku. In: Tygodnik Kulturalny 173, Nr.3. Siehe Anhang.

Schulz, Uwe: Eine Gestalt ohne Schatten. In: FR 16.12.67.

Taaning, Tage: Man bør laere B. at kende (über dän. Übers. vom Års-tidern [«Jahresz.»]). In: Berlingske Tidende 12.4.69.

Zeltner, Gerda: Der «Fehltritt» des P. B. oder Das weisse Kleid. [«Nicht einmal einen Anti-Roman schrieb dieser Spielverderber ... wie N. Saurraute»]. In: Aargauer Tagblatt 19.9.81.

Zórawski, Kazimierz: Pór w roku mame cztery ... In: Kultura 1973, Nr. l.

4. «Des Schweizers Schweiz» (1967), Reaktionen auf Bichsels Politik.

an. (gfh./BN.): Zutreffendes u. Verzerrendes von P. B. In: Aargauer Tagblatt 1.8.69.

an. (s.): Getroffenes u. Verzeichnetes [...]. In: Basler Nachrichten 30.7.69.

an. (c.c.) [Sehr kurz]. In: Der Bund 18.12.69.

an.: Erkenne dich selbst ... In: Nicht fürchten ist der Harnisch (Evang. Flüchtlingshilfe, Sept. 70).

an.: La Suisse du Suisse. In: Coopération Bâle 4.7.70.

an.: P. B.s Schweiz [über ARD-Verfilmung; B. erliege selbst d. Klischees]. NZZ 4.9.72.

Blocher, Andreas: Welch Schauspiel! Aber ach! Ein Schauspiel nur! Post festum nochmals beim Wort genommen: Wie ernsthaft ist eigentlich P. B. aus der SP ausgetreten? In: Wewo Nr. 48, 30.11.95, S. 37 f.

Burger, Hermann: Des Schweizer Autors Schweiz. Zu Max Frischs u. P. B.s Technik der Kritik an d. Schweiz. In: Schweizer Monatshefte 511(1971). S.74–754.

Preux, Michel de: Malaise helvétique [Anerkennung dch. a. Partei]. In: Nouvelliste et Feuille d'Avis du Valais, Sept. 1980.

Ribaux, Louis: (Sammelbesprechung; als Bestseller). In: Basler Nachrichten 21.1.70.
Seiler, Alexander J.: Des Schweizers Schweizer Film [Paraphrasen zu B.s Aufsatz]. In: Weltwoche 25.8.67.
Walter, Emil H.: Freiheit und Unabhängigkeit. In: Profil. Rote Revue (der SP) 1967, H.9, S.270–273.
Widmer, Urs: Massvolle Polemik. In: FAZ 24.7.69.

5. *Kindergeschichten (1969)*

an.: Kauzige Neigung. In: Der Spiegel 2.3.70.
an. (M.J.): B.s Kinderg. Versäumnis [über ostdt. Ausgabe]. In: Dt. Allgemeines Sonntagsblatt ca. 1980.
an.: Miniatures. In: Times Literary Supplement 9.7.71. S. Anhang.
an. Kurze biographische und allgemeine Hinweise auf d. Autor der hier ins Chinesische übertragenen Kindergeschichte «Ein Tisch ist ein Tisch». In: Shan Nien Won I [Jugendschriften] 1982/2, S. 111.
Achtnich, Elisabeth (über Jodok). In: Sabine Nickel/E.A.: Geschichten u. was man damit machen kann. Vorlesen, [...], Spielen [...], Berlin 1976, S.98–102.
Bachmann, Dieter: Kindergeschichten? In: National Zeitung 29.11.69.
Bonnefoy, Claude: La fraîcheur d'enfance. In: La Quinzaine littéraire 16.–31.7.71.
Donate (11 Jahre). In: Frau und Mutter. Zeitschrift d. kathol. Frauengemeinsch. Düsseld., Apr. 71.
Förster, Jürgen (Ein Tisch i. e. T.). In: J. F.: Kurzprosa als Spiegel d. Wirklichkeit. Did. Anal. v. Texten v. Aichinger, Br. Musil etc., Bad Honnef 1981, S.32–41.
Gamper, Herbert: Die Wirklichkeit: ein Spiel für Kinder. In: Basler Nachrichten 1.10.69. Auch in: AUSKUNFT.
Gern, Helmut/W. Royl: Modell einer standardisierten Unterrichtsvorbereitung für das 5./6. Schuljahr (Ein Tisch i. e.T.). In: Neue Unterrichtspraxis 73/6 (1973).
Graf, Hansjörg: Ein «zarter Empiriker»: P. B. In: Merkur 24 (1970), S. 788 f.

Heiliger, Josef u. a.: Der Tisch ist kein Tisch. In: Sprachunterricht i. d. Grundschule (1973) .
Kafka, Vladimir (V. K.): Dětské příběhy (Begleitwort zu den tschechischen Proben). In: Světová literatura 2/83 (1983), S.51.
Karasek, Hellmuth: Der vorgeschützte Kinderglauben. In: Süddeutsche Zeitung 8.10.69.
Khittl, Klaus: Der alte Traum [René Bardets Vertonung v. Jodok etc.]. In: Die Presse 30.10.81.
Kliewer, Heinz-Jürgen: Mit P. B. in der Linguistik. In: Pädagogische Welt 1972, H.6, S.344–350.
Kuhn, Christoph: Schwer wie die einfachsten Dinge. In: TA 28.10.69.
Lassila, Pertti: [über finnische Übersetzung]. In: Helsingin Sanomat 5.11.82.
Lübbe-Grothius: Poetische Meditationen über d. provisorische Wirklichkeit. In: Schweizer Monatshefte 54/2 (1974), S.113–119.
Massoud, Fatma: P. B.s Kindergeschichten oder die Geschichten einer einsamen Sprache. Kairoer germanistische Studien, 7 (1993/94). In: Vermittler und Vermittlung: Festschrift für Kemal Radwan, Kairo 1993.
Michaelis, Nikolai u. Michaelis, Rolf: Wir finden die ganz doll (Gespräch Vater / Kind). In: FAZ 7.10.69.
Nemitz, Werner: In: Moderne Linguistik i. d. Unterrichtspraxis, Freiburg i. B. 1978, S.93–100.
Peukert, Kurt Werner: Die Genese des Wissens in P. B.s Kindergeschichten, Essen 1973.
Psaar, Werner: Spiel mit der Sprache (Ein Tisch ist ein Tisch; Onkel Jodok und ottos mops [Jandl]). In: Psaar. Spiel und Umwelt in der Kinderliteratur der Gegenwart. Ein Beitrag zur Literatur didaktik in der Grundschule, Paderborn 1973, S.52–80.
Pulver, Elsbeth: Kindergeschichten und ein Buch von Kindern (P. B. & B. Frischmuth). In: Schweizer Monatshefte 49/9 (1969), S.881 ff.

Rambures, Jean-Louis de: De la logique à l'absurde. In: Express 4.-11.10.71.

Reich-Ranicki, Marcel: Ist die Erde wirklich rund? In: Die Zeit 21.10.69.

Rinke, Hansjürgen [Für welche Kinder geeignet?]. In: Jugendschriften-Warte Apr. 1970/4.

Rosendorfer, Herbert: Ein Elefant im Entenbauch. In: Stuttgarter Zeitung 14.11.70.

Schulte, Rainer: In: Books Abroad 44/3 (1970).

Spaethling, Robert u. E. Weber: Introduction. In: Literatur Eins, New York 1979, S. 31 ff.

Tailleur, Jean: Le texte et sa fonction. In: Les lettres françaises 4.–24.8.71; s. Anhang.

Villain, Jean: Kindergeschichten für Erwachsene. In: Vorwärts (Basel) 16.10.69.

Vuilleumier, Jean: P. B.: La terre est ronde? C'est vous qui le dites! In: Tribune de Genève 2.6.71.

Wallmann, J. P. [der Titel erinnere an Gertrude Stein]. In: Die Tat 24.1.70, S. 35.

Weibel, Luc: La terre est ronde [über die deutsche Ausgabe]. In: La Quinzaine littéraire 15.3.70.

Weber, Werner: In: NZZ 5.10.69. Ähnlich in: Forderungen. Zürich 1970, S.281–285.

Wolken, Karl Alfred: Sanfte Wut auf Bestehendes. In: Rheinischer Merkur 12.12.69. Auch in: AUSKUNFT.

6. Kapitel III, «Geschichten», andere Kolumnen und weitere Reaktionen auf Bichsels Politik.

an. (R. B.): In: drehpunkt (Basel) Apr. 1979.

an. In: Der schweizer. Beobachter 30.6.79.

Ayren, Armin: P. B.s Misstrauen gegen Geschichten. In: FAZ 10.4.79.

Fringeli, Dieter: P. B. zur richtigen Zeit. In: Basler Zeitung 31.3.79.

Hug Heinz: Kein Wissender, ein Verzweifelter. In: Orte. Schweizer Literaturzeitschrift 11 (1985) 53, S. 60 f. [über Schulmeistereien; Hug sieht in B.s Erinnerungssatz «Es fiel mir leicht, gehorsam zu sein» ein Zeichen seiner Ahnungslosigkeit!]

Jacobs, Jürgen: Noch einmal anständig davongekommen [Rez. von Schulmeistereien]. In: FAZ 20.4.1985. [s. Zitate u. a. Anm. 59, 75].

Lindsmayer, Charles: Einer lässt sich Zeit zum Denken. In: Die Welt 7.7.79.

Matt, Beatrice von: Alltag ohne Fluchtgedanken. In: NZZ 23.4.79.

Pulver, Elsbeth: Die falsche Zeit zum Sammeln von Streichholzbriefchen. In: Schweizer Monatshefte Sept. 79.

Pestum, Jo: In: Die Zeit 7.5.82.

Rohde, Hedwig: Von den Lippen geschrieben. In: Der Tagesspiegel 11.4.79.

Rothschild, Thomas: Reflektieren und Erzählen. In: FR 15.3.80.

Rüedi, Peter: Die leeren Träume der kleinen Leute. In: Deutsche Zeitung 27.4.79. Vgl. auch sein Interview o. Rubrik I, 1974.

Schwarz, Robert: In: World Literature Today (früher Books Abroad), Frühjahr 1980. S. Anhang.

Schulenburg, Nina: Zum falschen Zeitpunkt [Anekdoten verlieren so ihren Charme]. In: Buch Magazin für Mediziner Nr. I /79 (Köln) .

Schütz, Erhard: Menschheitsliebe im Detail. P. B.s Roman aus Glossen. [über «Briefträger»: ein «Roman» ohne Sex, aber «voller Zuneigung und Zärtlichkeit»] In: FR 28.11.1995.

Sedelnik, Wladimir: Schwejcarija [über die dt. Fassung]. In: Sovzemmaja chudožestvennaja literatura za rubezom [Rezensionsz'schrift f. Gegenwartslit. d. Auslands] 1981/3, S. 101–103 [Texte im Sinn von R. Walser, Kommentare auf Grund unwesentlicher Begebenheiten]. Ein Zitat daraus im Literaturbericht Felix Ph. Ingolds in: Schweizer Monatshefte 63/6 (1983), S. 461.

Teufenbach, Ingeborg: Was soll sie eigentlich, die nackte Frau ...? In: Tiroler Tageszeitung 25.5.79.

Wagenbach, Klaus: Was nicht im linken Regelbuch steht. In: literatur konkret, Herbst 1979.

Wagner, Rainer: Don Quijotes Wort-Kampf gegen die Satteldächer. In: Deutsches Allgemeines Sonntagsblatt 22.4.79.

Zimmermann, Hans Dieter: zu den «Geschichten», s. dazu Rubrik II.₁ (1982)

7. *Der Leser. Das Erzählen (1982)*

an. In: FAZ 23.10.82.

Bachmann, Dieter: Jenseits vom Dogma. In: TA 23.10.82.

Bruckner, Dietmar: Die klare Linie. In: Nürnberger Nachrichten 10.3.83.

Bühler, Alois: Spiel mit Widersprüchen [Gedanken-Sprudler ...]. In: Vorwärts (Basel) 4.11.82.

Burri, Peter: Lesen und Erzählen. In: Basler Zeitung 29.10.82.

Fässler, Günther: Lesen u. Erzählen als Lebensformen. In: LNN 18.1.83.

Hamm, Peter: In: Die Zeit 25.2.83.

Keckeis, Johann: In: Zürichsee-Zeitung 5.11.82.

Loewy, Hanno: Geschichten über Literatur. In: FR 14.1.82 (über Vorlesung).

Matt, Beatrice von: Die Spielhaltung des Schriftstellers, eine Lebensform. In: NZZ 30.11.82.

Mistereck, Wolfgang: Der Dichter u. seine Hörer. In: Bergen-Enkheimer Zeitung 4.2.82. (über Vorlesung).

Pulver, Elsbeth: Poetologische Geschichten. In: Schweizer Monatshefte Jan. 83.

Scheidegger, Urs W.: Geschichten über Geschichten. In: Solothurner Zeitung 19.10.82.

Stierli, Heinz: In Fragen leben, nicht in Antworten. In: Vaterland (Luzern) 17.2.83.

Wittstock, Uwe: Gute Zeiten für Gurus. In: FAZ 11.2.82 (über Vorlesung).

8. Der Busant (1985), Zur Stadt Paris (1993)
Siehe zu dieser Rubrik auch die betreffenden Radio-Lesungen und -Gespräche und die in Anmerkung 40 zitierte Spiel-Adaption der Erzählung «Der Busant»: «Ja, so schön war es noch nie» (1995).

Ester, Hans: P. B., Zur Stadt Paris. In: Deutsche Bücher 1993/3, S. 190 f.

Hajewski, Th.: Zur Stadt Paris [mit Eindrücken der Lesung im Allegheny College PA]. In: World Literature Today Vol. 68 1994, S. 359 f.

Schafroth, Heinz F.: Die Welt nicht abbilden, sie lieber bestehen. In: Basler Zeitung 1985. Auch in Hoven «Texte» 1991.

Utz, Peter: P. B.s freundliche Erzählpädagogik. In SMH 1985/11.

VIII. REGISTER

Begriffe, Ortsnamen und Zeitschriftentitel (Dadaismus, Nonsense, Nouveau Roman, St. Gerold, Spezialnummer des *Du*) werden nur ausnahmsweise vermerkt; Herausgeber höchstens, wenn sie eine Einleitung verfasst haben oder biographisch besonders bedeutsam sind. Zeittafel und Übersetzer sind nicht berücksichtigt, von zwei Interviewern nur der erste. Ein B vor der Ziffer weist auf eine Abbildung hin.

Achternbusch, Herbert 71
Achtnich, Elisabeth 163
Adorno, Theodor W. 60, 90
Akman, Gülgün 156
Albers, Hans 133
Allemann, Beda 30, 145, 154
Allende, Salvador 71
Allgöwer, Walter 155
Amette, Jacques-Pierre 49, 160
Artmann, Hans C. 131
Aubert, Pierre (Bundesr.) 113
Ayren, Armin 165

Baacke, Dieter 115
Bachmann, Dieter 92, 167
Baier, Jutta 32, 104, 150
Baker, Russell 126
Bakunin, Michail 115
Barillas, Cesar 137
Baumann, Guido 13, 151
Baumann, M. & E. 149
Baumann, Walter 50
Beatles 60
Beck, Marcel 155
Becker, Jürgen 160
Beethoven, Ludwig van 36
Beidler, Franz W. 148

Benazzi, Raffael 136
Benn, Gottfried 77, 79
Bense, Max 39
Benzinger, Fredrik 29, 107
Bergengruen, Werner 98
Berger, Christoph 70
«Bexel»/«Bixel» 17, 102, 148
Bichsel:
  Christa M. (Tochter) 28, B 40
  Lina (Mutter) B 19, 20
  Luise (Grossmutter) B 18
  Matthias (Sohn) 28, B 40
  Otto (Grossvater) B 18, 102
  P. B.: nur Bilder 19, 23, 40, 66, 88 f.
  Peter (16. Jh.) 20
  P. B. – Archiv Berlin, s. Schäfer G.
  Therese B.-Spörri (Gattin) 16, 28, B 40, 150
  Willi (Vater) 16, B 19, 21, 102, 139
Bieri-Schär, Hans (Grossvater) B 18, 20, 56, 57, 102
Bieri-Schär, Lina (Grossmutter) B 18, 102

Biermann-Ratjen (Senator) 148
Bill, Max 39
Bismarck, Otto v. 97
Blick (+So-Bl.) 37, 113
Bloch, Peter A. 112
Blocher, Andreas 74, 113, 162
Blöcker, Günter 49, 160
Bloching, Karl-H. 154
Boccaccio, Giovanni 120
Boehlich, Walter 107
Bolliger, Max 53
Bollmann, Ulrich 155
Bonnefoy, Claude 163
Bosshart J. (Rezensent) 113
Bourbaki (General) 76
Brandenberger, Kurt 152
Brandt, Willy 71
Brecht, Bertolt 43, 77
Bringolf, Walther (Nationalr.) 144
Brion, Marcel 154
Brodskij, Joseph 130
Broger, Raymond 67, 136
Bruckner, Dietmar 167
Bucher, Werner 46, 115, 149, 154
Bühler, Alois 167
Burger, Hermann 42, 46, 52, 73, 99, 113, 158, 162
Burren, Ernst 63, 105
Burri, Peter 167
Bussmann, Rudolf 106, 114, 115, 149

Carrell, Lewis 51, 94
Cervantes, Miguel de 120

Chesterton, Gilbert K. 45, 94 f., 97, 106, 115
Clerval, Alain 160
Conrad, Joseph 92 ff., 115, 146
Conrady, Karl O. 106
Cortesi, Mario 149
Cybinski, Nikolaus 82, 114

«Dadaismus» 54, 119
Defregger, Matthias 27, 104, 133
Denneler, Iris 111, 157
Descartes, René 56
Develey, Florence 153
Diggelmann, Walter M. 96, 136, 161
Dinkelmann, Fritz 63
Donate (11 J.) 54
Du 104, 112, 131, 133
Dürrenmatt, Friedrich 29, 96, 144
Durzak, Manfred 46, 107
Eggelin, Thomas P. 150
Egger, Max 156
Eich, Günter 131
Einhorn, Jürgen 158
Emminger, Eckhard 158
Ende, Michael 48
Enzensberger, Hans M. 77
Ester, Hans 112, 168
Eugster-Nejedlá 16, 44, 107, 155

Fabian, Rainer 160
Faecke, Peter 29
Fassbind, Franz 38, 105
Fässler, Günther 167

Faulkner, William 118
Federspiel, Jürg 137
Fehr (Buchhandlung) 133
Feldmann, Josef (Korpskdt.) 37, 72
Fischer, Th. (Nationalr.) 71, 112
Flora, Paul 132
Fonda, Henry 134
Ford, F. Madox (Ps.) 92, 115
Förster, Jürgen 163
Freire, Paulo 34
Fried, Erich 131
Friedrich, Heinz 29
Fringeli, Dieter 165
Frisch, Max 21, 29, 31 f., 35, B 40, 43, 64, 71, 85, 96, 104, 106, 114, 130, 134, 142, 144, 146 f., 156
Fritz, Walter H. 160
Furgler, Kurt (Bundesr.) 81

Gallimard-Verlag 47, 144
Gamper, Herbert 160
Gaus, Günter 115, 150
Geissler, Rolf 160
Gern, Helmut 163
Gfenn b. Dübendorf 25, 103 f., 145
Giger, Bernhard 146
Glauser, Friedrich 80, 142
Goethe, Johann W. von 83, 85, 92, 95 («Tasso») 115, 141, 150
Gomringer, Eugen 38, 39
Gorki, Maxim 55
Gotthelf, J. (Ps.) 155

Gottschalk, Thomas 153
Grack, Günther 160
Graf, Hansjörg 163
Grammingo, Giulino 158
Grass, Günter 6, 28, 42, 46 f., 71, 118
Grasshoff, Wilhelm 160
Grimms Märchen 54
Groot, Cegienas de 81, 151
«Gruppe 47» 28 f., 117, 124, 149, 154
«Gruppe Olten» 63, 112, 134
«Gr. O.» vs. SSV 148

Habe, Hans 29
Habsburg, Rudolf 72
Haderlev, Jürgen 160
Hage, Volker 128, 157
Haider, Hans 102, 149
Hajewski, Thomas 168
Haldimann, Urs 113
Haller Hans-Rudolf 105, 149
Hamburger, Jörg 129
Hamm, Peter 92, 129 f, 132, 167
Handke, Peter 53, 124, 132, 146
Hanselmann, Urs 135
Harig, Ludwig 157, 160
Härtling, Peter 6, 107
Häsler, Alfred A. 96, 149
Hasler, Ernst (Pfarrer) 102
Hasler, Kurt (Lehrer) 16, 22 f., B 23, 102, 129
Hasler, Ludwig 116
Hayasaki, Motitoshi 158
Hebel, Johann P. 46, 55, 110, 118

Heiliger, Josef 148, 164
Heine, Heinrich 138
Heissenbüttel, Helmut 154
Held, Kurt (Ps.) 29
Hemingway, Ernest 44, 46, 115
Herodot 76
Hersche, Otmar 151
Hilfsbecher, Walter 158
Hinz, Klaus M. 151
Hoffmann, E. T. H. 143
Hofmannsthal, Hugo v. 117
Hohl, Ludwig 71, 132, 146
Hohler, Franz 63
Holiday, Billie 36, 60, 135
Höllerer, Walter 28, 41 f., 104
Hoven, Herbert 122, 157
Hrzalová, Hana 161
Huber, Ruth K. 102
Hubacher, Helmut 75, 113
Hug, Heinz 165
Hugi, Beat 62, 67, 102, 151
Huss, Buchhandl. Fr. a. M. 102, 140, 146
Hutter, Schang 23, 26, 62

Ibsen, Henrik 102
Illich, Ivan 34
Ingold, Felix Ph. 156
Ionesco, Eugène 55, 110
Iser, Wolfgang 84, 86 f.
Isler, Ursula 155
Jaeckle, Erwin 30, 41
Jaeggi, Urs 63
Jacobs, Jürgen 80, 114, 116, 166
Jarillot Rodal, Cristina 152

Jauss, Hans R. 84, 86
Jean Paul (Ps.) 33 f., 92, 115, 141

Jenny, Urs 161
Jens, Walter 47, 107
Johnson, Uwe 118
Joyce, James 92, 115
Jucker, Rolf 7, 128, 153, 157
Jünger, Ernst 150

Kafka, Franz 87, 118
Kafka, Vladimir 106, 110, 119, 158, 161, 164
Kant, Immanuel 86
Karasek, Hellmuth 161, 164
Karl, Frederick 92, 115
Keckeis, Johann 167
Keller, Gottfried 68, 80
Khittl, Klaus 164
Kiesinger, Kurt-G. 107
Kishon, Ephraim 136
Kliemann, Peter 106
Kliewer, Heinz Jürgen 55, 164
Kluge, Alexander 130
Kniffke, Fédéric 154
Knobel, Bruno 113
«Kochs Malerhandbuch» 54
Koller, Erwin 153
Kolumbus, Christoph 108 f.
Konsalik, Heinz G. 135
Kraft, Martin 161
Krättli, Anton 161
Kraus, Karl 126
Kreutzer, Leo 157
Künzli, Arnold 70
Kunert, Günter 92

Kuprin, Alexander I. 136
Kurucz, Gynla 155

Laederach, Monique 151
Lassila, Pertti 164
Lear, Edward 94
Leber, Hugo 154
Lennon, John 60, 143
Lessing, Ephraim 50
Lettau, Reinhard 161
Leuenberger, Claudia 62
Lichtenberg, Georg Chr. 97, 116
Liede, Alfred 110
Lindemann, Gisela 106, 110, 145, 151
Lindsmayer, Charles 166
«Literarisches Colloqium» (Berlin) 28, 41, 129 f.
Lohse, Richard P. 39
Loewy, Hanno 167
Lübbe-Grothius 164
Luck, Rätus 16
Luginbühl, Bernhard 62
Luis de Leon, Fray de 147

Mack, Gerhard 116, 152
Malanowski, Tadeusz A. 161
Mandel, S. 154
Mann, Thomas 74
Marlitt, Eugenie (Ps.) 85
Maron, Monika 101
Martí Peña, Oferial 157
Marti, Kurt 45, 60, 141
Massoud, Fatma 164
Matt, Beatrice v. 166 f.
Mayer, Hans 107

Meienberg, Niklaus 134
Meier, Gerhard 63
Meier, Regula 158
Mętrak, Krysztof 161
Metzler, Kurt L. 62
Meyer Frank A. 14, 27, 69 f., 71, 74, 97, 151, 156
Meyer, Heinrich 161
Michaelis, Rolf 158, 161 (+ Nikolai 54, 164)
Michaux, Henri 55, 92, 130
Mielczarek, Zygmunt 161
Miesterck, Wolfgang 167
Minger, Rudolf (Bundesr.) 67
MM (Monroe, Marilyn Ps.) 135
Mohrt, Michael 159
Morgenstern, Christian 38
Mörike, Eduard 110
Moser, Jürg 150
Mozart, Amadeus 61, 107, 141, 146 f.
Muschg, Adolf 92, 154

Naef, Robert 28, 113, 150, 153
Nathanael (Pater) s. Wirth
Nayhauss, Hans-Chr., Graf v. 159
Nebelspalter 13, 68, 74
Nejedlá, Monika s. Eugster-Nejedlá M.
Nemitz, Werner 164
Neruda, Pablo 71
Neumann, Peter H. 106
Niederhauser, Rolf 62, 82, 92, 115, 157
Nixon, Richard 136

Nolte, Jost 159, 161
Nonnemann, Klaus 43, 106, 107, 159
«Nonsense» 56, 94
Nossack, Hans E. 29
Nostradamus (Ps.) 138
«Nouveau Roman» 49, 106, 118

Obermüller, Klara 29, 152
Occam = Ockham, Wilhelm 127
Ong, Walter J., S.J. 85, 115
Opfer, Rose (Buchh.) 146

Padel, Gerd H. 113, 155
Paschek, Carl 30, 35, 129, 150, 156
Paul, Jean s. Jean Paul
Pawlowa, Nina 159
Pedretti, Erica u. Gian 62
Perz, Helga 149
Peukert, Kurt 164
Preux, Michel de 162
Pestalozzi, Heinrich 33
Pestum, Jo 166
Petersen, Jürgen 159
Philippe, Vincent 150
«Pinocchio» 54
Pirandello, Luigi 50, 122
Piwitt, H. Peter 138
Plato 77
Plumyenne, Walter 47, 154
Potocki, Jan, Graf v. (?) 120
«Pro Helvetia» 101 f., 104, 142
Probst, Hans-U. 111, 147
Proust, Marcel 120

Psaar, Werner 56, 164
Pulver, Elsbeth 44, 111, 154, 164 f., 167

Racine, Jean (20. Jh.) 7, 111
Rambures, Jean-L. de 56, 110, 165
Rederlechner, Hanspeter 35, 150
Reich-Ranicki, Marcel 29, 47, 49, 91, 106 f., 157, 159, 162, 165
Ribaux, Louis 163
Richter, Hans W. 28, 102, 140, 148
Richter, Jean P., s. Jean Paul
Rilke, Rainer M. 77, 106
Rinke, Hansjürgen 165
Riss, Roland 87
Ritschard, Willi 13 f. 17, 30, 35 f., 64, 70, B 65, 77, 80, 90, 102, 112, 140 f., 150 155
Rohde, Hedwig 166
Ronner, Markus M. 82, 114
Rosendorfer, Herbert 165
Rüedi, Peter 81, 149, 166
Rüfenacht, Silvio (Schwingerkönig) 152

Sadurski, Wojciech 122, 162
Salis, Jean-R. v. 82, 130
Sand, George 138
Saner, Hans 73
St. Gerold 33, 105, 144
Sandauer, Artur 119
Sarraute, Nathalie 43, 106, 118
Sartre, Jean-P. 44, 86
Saussure, Ferdinand de 52

Savary, René (Radrennfahrer) B 89, 93
Schäfer, Gernot (B. Archiv) 7, 142
Schafroth, Heinz 59, 102, 154 f., 168
Schauer, Lucie 106
Scheidegger, Urs W. 167
Scherner, Maximilian 159
Scheuter, Claire 41
Schildberg, H. H. 32, 150
Schiltknecht, Wilfried 154
Schmid, Andres (Lehrer) 33, 105
Schmid, Karl 79
Schneider, Franz-J. 34 f.
Schneider, Jean-Claude 159
Schneider, Manfred 87
Scholem-Alejchem (Ps.) 46
Scholochow, Michael 77
Schubert, Franz 61
Schulenburg, Nina 166
Schulte, Rainer 165
Schulz, Uwe 162
Schütz, Erhard 166
Schwarz, Manfred 143
Schwarz, Robert 82, 127, 166
Schwarzenbach, J. (Initiative) 144
Schweyer, Marc 154
Schweiz. Schr.verein (SSV) 63, 144, 148
Schwitters, Kurt 39, 46, 106, 151
Sedelnik, Wladimir 114, 156, 166
Seigner, Michel 147
Seiler, Alexander J. 31, 33, 105, 163
Sell, Rainer 155
Senghor, Léopold S. 131
Sieburg, Friedrich 116
Siegrist, Samuel 155
Šimko, Dušan 150
Simmel, Johannes M. 135
«Sine Nomine» 76, 139
Singer, Isaac B. 137
Sokrates 141
Sölle, Dorothee 152
Späth, Gerold 111
Spaethling, Robert 165
Spiegel 34, 112, 137, 155
Spinner, Kaspar H. 98, 157
Spinnler, Rolf 129
Spyri, Johanna 54
Staiger, Emil 42, 43
Stalin, Jossif W. 43
Stefani, Guido 152
Stein, Gertrude 50, 55, 108, 110, 122
Steinbeck, John E. 131
Steiner, Jörg 31, 36, B 40, 70
Steiner-Kuhn, Susanne 34, 107, 156
Stettler (Bahnhofvorst.) 149
Stierli, Heinz 167
Stich, Otto (Bundesr.) 113
Strech, Heiko 105
Südbeck-Baur, Wolf 153
Summerhill (Internatsschule) 105

Taaning, Tage 162
Tailleur, Jean 47, 126, 159, 165

Teufenbach, Ingeborg 167
Tell, Wilhelm 72, 134
Thomas, Dylan M. 107
Tolkien, John R. R. 48
Trösch, P. N. 115
Troxler, Niklaus 60, 139
Tucholsky, Kurt 126

Ubenauf, Georg 35, 156
Uchtenhagen, Lilian 75, 113
Ungerer, Tomi 55
Unseld, Siegfried 47, 58
Unsinn s. Nonsense
Utz, Peter 157, 168

Velan, Yves 150
Vespucci, Amerigo 109, 124
Villain, Jean (Ps.) 165
Villiger, Hermann 45
Vogt, Walter 143
Vold, Jan E. 50, 132
Vuillemier, Jean 165

Wagenbach, Klaus 167
Wagner, Paul 111
Wagner, Rainer 167
Waits, Tom 36, 60
Walesa, Lech 71
Wallmann, J. P. 110, 165
Walser, Martin 92
Walser, Robert 32, 42, 45, 55, 80, 92, 140, 144
Walter, Otto F. 28, 30, 41 f., 47, 55, 63, 70, 106 f., 129 f., 142, 148, 153, 156 f., 159
Walter, Emil 163
Ward, David 105

Weber, Werner 42 f., 159, 165
Wehren, Jürg 27, 73, 133
Weibel, Luc 56, 165
Weiss, Peter 28
Werth, Wolfgang 159
Westmoreland (General) 133
Widmer, Urs 163
Widmer, Walter 159
Wilder, Thornton 46, 106
Wirth (Pater) Nathanael 105
Wittgenstein, Ludwig 154
Wittstock, Uwe 167
Wolken, Karl A. 165
Wolter, Dietmut E. 160
Woodtli, Susanna 160

Young, Lester 60

Zanetti, Gerardo 153
Zeindler, Werner 157
Zeltner, Gerda 162
Zermatten, Maurice 63
Zimmermann, Hans D. 156, 167
Zingg, Martin 157
Zórawski, Kazimierz 162
«Zytlupe» 14, 27, 37, 72, 105, 145

ANDERE VERÖFFENTLICHUNGEN VON
HANS BÄNZIGER

Der Verfasser hat früher vor allem Arbeiten über moderne deutsche und deutschschweizerische Literatur (z. B. Frisch und Dürrenmatt ⁷1976) veröffentlicht; in den letzten Jahren beschäftigte ihn vor allem das Thema Gegensätzlichkeit von Institutionen und Poesie:

Kirchen ohne Dichter? Bd. I: Deutschsprachige Literatur der Neuzeit 1992; Bd. II: Über romanische, angelsächsische und slawische Literatur der Neuzeit 1993. Beide Bde. im Francke Verlag Tübingen und Bern.

P. Weder in der NZZ vom 30. 6. 94: «Das Verhältnis von Literatur und institutionalisierter Religion bezeichnet Bänziger ‹als ‹Dichotomie›, legt aber Wert auf die Präzisierung, dass er dies nicht als Kontrast deute; in der Biologie nämlich verstehe man darunter ‹gabelartige Verzweigung›. Bänziger ist überzeugt, literarischem Wirken und kirchlichem Leben gemeinsam sei ‹die Wurzel des Glaubens an das Wunder des Schöpferischen›. [...] Besondere Aufmerksamkeit widmet er der ‹Fähigkeit oder Unfähigkeit der Dichter, das religiöse Leben in den jeweiligen Konfessionen darzustellen›. Es sei ihm um die ‹sichtbare Kirche zu tun, um die Darstellung religiöser Kleinarbeit.›»

Institutionen – literarische Feindbilder? Zu Bildern fester gesellschaftlicher Einrichtungen in Dichtungen der letzten zwei Jahrhunderte. Typotron Verlag St. Gallen 1995.

P. Surber im St. Galler Tagblatt vom 16. 12. 95: «Bänziger meint mit Institutionen ‹feste gesellschaftliche Einrichtungen› und damit besonders die Kirche [...], Sabbat und Sonntag, Polizei sowie Parteien. Andere, etwa Armee oder Schule, werden nicht berücksichtigt, wie der Autor überhaupt ausdrücklich das Recht auf Unvollständigkeit in Anspruch nimmt. Er behandelt ‹wider den Methodenzwang› das, was ihn bedrängt.»

Augenblick und Wiederholung. Literarische Aspekte eines Zeitproblems. Königshausen & Neumann, Würzburg 1998.

Inhalt: Einleitend Bemerkungen über die alltägliche und naturwissenschaftliche Seite in der Polarität Augenblick und Wiederholung; Hinweise auf philosophische und religiöse Gedankengänge (u. a. Kierkegaards). I. Zu literarischen Darstellungen unartikulierter Gefühle spontaner, herzlicher Regungen, in denen die Polarität Augenblick und Wiederholung relativ einseitig zum Ausdruck kommt. II. Wiederholung und Literatur. Spezielle Genres wie Märchen, Wiegenlieder. Repräsentative Werke: Schnitzler, Joyce, Beckett, Bernhard, Handke. III. Kreativität und das Gewohnte: Poesie vs. Institutionen (Schule, Feiertage, Ehe). IV. Schlussbemerkungen, u. a. über Goethes Auffassung der beiden Ausdrücke.